资金流模型

实战应用

郭 洋 著

地震出版社
Seismological Press

图书在版编目（CIP）数据

资金流模型实战应用 / 郭洋著. -- 北京：地震出版社，2023.3

ISBN 978-7-5028-5388-4

Ⅰ. ①资… Ⅱ. ①郭… Ⅲ. ①股票投资－资金流向－模型 Ⅳ. ①F830.91

中国版本图书馆 CIP 数据核字(2023)第 015034 号

地震版 XM5284/F(6359)

资金流模型实战应用

郭 洋 著

责任编辑：范静泊

责任校对：凌 樱

出版发行：地 震 出 版 社

北京市海淀区民族大学南路 9 号　　邮编：100081

发行部：68423031　68467991　　传真：68467991

总编室：68462709　68423029　　传真：68455221

证券图书事业部：68426052

http://seismologicalpress.com

E-mail:zqbj68426052@163.com

经销：全国各地新华书店

印刷：大厂回族自治县德诚印务有限公司

版(印)次：2023 年 3 月第一版　2023 年 3 月第一次印刷

开本：787×1092　1/16

字数：136 千字

印张：11.5

书号：ISBN 978-7-5028-5388-4

定价：68.00 元

前　言

投资者炒股都是想通过股市赚取一份收益，然而大多数投资者炒股的时候却很盲目。说句很客观的话，A股市场中的大多数投资者都是抱着侥幸的心理，他们从来不做计划，也很少学技术，觉得炒股就是凭运气。运气好的话，能赚好大一笔；运气不好的时候，就会赔钱。很大一部分散户在亏损的时候不会及时止损，反而抱着侥幸心理等待股价再次反弹回本。还有一些散户当自己被套的时候，只会怪运气太差，而不去想如何自救。有些人甚至随随便便买了一堆股票后就不再去关注了，而是过了很长时间再去瞄一眼盈亏。盈利的时候，还觉得自己是胜在心态好。

这种炒股方式其实不是投资，也不能算是投机，说白了是在用赌博的方式来炒股。所以，A股市场中散户大多数都亏钱，很大一部分原因就是如此。如果真正想通过投资炒股的方式来赚取收益的话，是绝对要掌握一定的技术和方法的。

我曾在读书的时候看到过这样一句话："不要仅拿一把钝刀就出现在枪战中。"也就是说，在这个人家都已经开始用枪来打仗的时代，你拿把钝刀就出来了，还觉得自己能够打赢这场仗。结果大家自然都清楚，那就是极有可能在你还没有拿出刀的时候，就被敌人一枪击中而毙命了。

炒股也是一样的，作为一名散户，尤其是喜欢做短线的散户，如果没有学到真正实用的技术方法去对抗整个A股市场，最后的结果可想而知，血本无归也是常有的事。本书正是为了让散户朋友们掌握一套完整的技术，从而跑赢市场、实现盈利的呕心之作。

资金流模型战法是一套从实战交易中总结提炼而来的炒股策略，简单、真实、有效。作者本人及公司每一位员工都在操作使用，并且颇有收益。作者深入浅出地将股票涨跌的原理、主力行为特征等重要知识点进行了系统化的梳理和归纳，你将学到的是一套完整的跟踪主力思路以及各种常见问题的有效应对方案。

这套战法不但可以教会大家跟踪主力建仓，还可以跟踪主力出货，彻底解决了散户买了就跌、卖了就涨、持股就被套的问题。

不管你是刚入股市的“小白”，还是已经闯荡股海多年的老股民，学习完这套战法你都将受益良多!

最后，特别感谢王雨崴及刘奇对本书做出的巨大贡献，感谢策略顾问胡哲非、李玉婷、郑智友提供的技术支持。没有团队的合作及大家的辛勤付出，本书不可能最终送达读者手中，感谢每个帮助我完善这本书的人。

目　录

第一章　短线操作原理与主力资金行为特征

第一节　短线操作原理

通过本章节学习，您将了解到股票涨跌的根本原因、股市各路资金的特点、参与短线的资金构成，为学习短线跟踪主力战法奠定基础。

● 主力收割散户的逻辑

众所周知，股市如战场，作为市场中渺小的一名散户，想要和主力作对，终将是螳臂当车。毕竟主力资金量大，团队操作，技术成熟，对个股基本面的研究要比散户精准透彻得多。这些优势是散户无法与之抗衡的。散户想要在股市中盈利，跟踪主力无疑是最明智的选择之一。要做到跟踪主力盈利，首先我们要了解一下，主力收割散户的逻辑。

当主力已经建仓完毕之后，会运用一定的手段将股价拉升、成交量增大。这个时候，散户看到某只个股处于上涨阶段，就会受到追涨情绪的影响，产生一种再不买就要错过机会的害怕踏空心理，担心晚一步就买不到了，于是在高位买进。而股价受到散户参与，市场情绪高涨，价格和成交量会持续上涨，一旦散户的小资金聚少成多，主力就会一次性地将筹码全部抛出。

主力将筹码抛出后，由于股价失去了大资金支撑就会一路下跌。这个时候，散户看到手中个股一路下跌并且成交量也很小的时候，就会产生一种心理恐慌，等到股价跌到一定程度，就会忍受不住抛出筹码，而主力却在这个时候低位吸筹，将散户的筹码全部纳入囊中，然后再拉升一波。如此反复，就会造成散户一波又一波地被割“韭菜”。

这就是主力利用拉高来吸引散户入局，通过压低股价给散户压力，从而达到低价吸筹而又高价抛售的目的。利用人性的恐慌和贪婪心理实现盈利，这就是主力收割散户的逻辑。

● 短线的核心目的

如果被问到“做短线的目的是什么”，大多数人都会说是“赚钱”。无论做短线还是长线，投资的目的都是赚钱，但是做短线是通过何种方式来赚钱的呢？下面就给大家简单说明一下。

大家都知道，股市的盈利方式有两种，一种是通过公司分红，另一种就是低买高卖、赚取差价。而做短线，就是通过快速地低买高卖赚取差价的方式来获利，这也是做短线的核心目的。

● 股票涨跌的根本原因

不知道大家是否思考过一个问题，那就是：影响股票涨跌的因素有哪些？

很多股民朋友们可能会说：国家政策影响股票涨跌，有的政策对相关概念个股有利，则相关个股价格会出现短期上涨，反之，一些相关个股的价格会出现下跌。国家一些政策出台的时候，的确会对个股的价格有所影响，但这并不是股票价格涨跌的根本原因。

也有股民说，是因为业绩，如果公司的业绩良好，会带动股价的上涨，而这种影响在出季报的时候最为明显。业绩的确是影响个股价格的原因之一，但也不是股票涨跌的根本原因。

还有股民说，是因为利好消息。当市场中出现一些利好消息的时候，个股的价格就会随之变动，甚至一些利好消息还能启动妖股。的确，利好消息也是影响股价的重要因素之一，但依然不是股票涨跌的根本原因。

那一定就是大盘环境了吧？毕竟炒股的人都知道，大盘涨个股涨，大盘跌个股跌，这一定是股票涨跌的根本原因了吧？

然而我要说的是，上面所说的这几点，虽然都是影响个股涨跌的重要原因，但仍不是根本原因。为什么这么说呢？下面请大家仔细思考以下几个问题。

当国家某些政策出台的时候，的确会影响股价涨跌。例如政策利好于医药股，随后机构资金大举买入医药股，接下来医药股大涨。那么问题来了，如果机构资金没有大举买入医药股的话，医药股会涨吗？是所有医药股都在同一时间上涨了吗？不是，而是那些被主力看好、且有大量主力资金流入的个股在飙升。

当个股出现利好消息的时候，例如某股票业绩预增200%，随后吸引了大量投资者买入，接下来股价大涨，大家试想一下，如果投资者不买入、不疯抢该股的话，该股的价格会涨吗？不会的，正是因为有了投资者资金的大举流入，才带动了股价的上涨。

再比如，大盘上涨带动市场的做多情绪，随后大量观望资金进场，接下来股价大涨，指数大涨，那么如果观望资金不进场的话，股价还会大涨吗？不会的，正是因为有大量的观望资金进场，所以股价才会大涨。

通过上面的这几个问题，已经很清楚了影响股票涨跌的根本原因就是资金的推动。所以研究资金推动对做短线来说至关重要，做短线不研究资金推动，就相当于猎人打猎不带枪一样，不仅费时费力，最终还可能一无所获，甚至遍体鳞伤。

● 资金推动的表现方式

大家了解到了影响股票价格的根本原因是资金的推动，那么资金推动的表现方式有哪些呢？

简单来说有两种表现方式，一种是当买入资金大于卖出资金时，会造成一种供不应求的现象，股票价格出现上涨；另一种则是卖出资金大于买入资金时，会产生供大于求的现象，股票价格出现下跌。

● 股市各路资金特点

了解了股票涨跌的根本原因，也了解了资金推动的表现方式，那么大家是否知道，目前股市中都有哪些资金呢？这些资金运作的特点又是什么呢？做短线应该关注哪些类型的资金才最有效呢？

股市中的资金分为：国家队基金，主要以稳定市场为主；公募基金，收益主要来自于管理费，将长期稳定作为核心任务；北上资金，主要由港资和外资组成，投资偏好为价值投资和价值挖掘；社保基金，属于长线稳健性资金，大部分会选择大盘蓝筹、白马股。以上四种资金中，国家队基金并不是做短线的主力资金，而公募基金也偏向于长线，北上资金更是多以长线价值投资为主，社保养老金自然也是如此。

剩下的就是私募基金、游资和普通投资者了。私募基金的特点就是盈利分成，游资的特点是短线炒作，而普通投资者最大的特点，就是跟风炒作了。虽然这些资金各有特点，但是有一个共性，就是它们的收益主要来自于低买高卖、高抛低吸。

● 参与短线的关键资金

通过上面的讲解，我们已经知道，国家队基金、公募基金、北上资金以及社保养老金都属于长线投资的资金类型，很少参与短线，而剩下的私募基金、游资和普通投资者才是参与短线炒作的关键资金。这些关键资金主要的收益就来自于低买高卖从而赚取差价，而低买高卖也正是炒股做短线的核心目的，所以我们将研究方向定为私募基金和游资机构的操盘特征及运作规律。

第二节　主力资金操盘特征

参与短线主要由私募基金、游资机构和普通投资者构成。私募基金和游资机构的资金要比普通投资者大得多，所以能够独立运作股价，在股市中有自己的一席之地；而普通投资者由于资金量较少，通常无法运作股价，想要在股市中盈利并非一件容易的事，但并不是说普通投资者就只能亏钱了，只要方法得当，跟踪主力盈利又有何不可呢？

不过想要跟踪主力盈利，就要先了解一下主力资金的操盘特征，知己知彼才能百战不殆。本章节将为你揭开短线主力资金操盘规律的神秘面纱。为了方便，我们将私募基金和游资机构统称为主力资金，将普通投资者称为散户。接下来，让我们了解一下股市法则、主力操盘流程及主力资金的操盘特征。

● 股市法则

熊市中有个“七二一法则”，就是说：十个炒股的散户当中，有七个人是亏损的，有2个人不亏不赚，只有一个人在盈利，这是不无道理的。大家知道为什么会出现这种情况吗？这要从股市中的另一个法则——零和法则说起了。

在特定的时间内，股市是个零和市场，换句话说，是财富聚集之后再分配的场所。所以在股市中，如果有人想通过低买高卖的方式来赚取差价的话，相应地就会有人高买低卖。也就是说，有人赚钱，自然就会有人赔钱，至于谁亏钱谁赚钱，自然就看个人的水平了。

当知道了股市的零和法则后，想必大家对股市“七二一法则”就会有更深层的理解了。散户资金量小，且在技术方面和资源方面都处于弱势，在这种情况下，想盈利自然会难上加难，故而就会有“七二一法则”。

有的股民会说了，虽然散户想在股市中盈利并不容易，但毕竟盈利的也大有人在，为什么我们不能成为那十个人中盈利的一个呢？没错，我们就是要成为盈利的那个人，而想要成为盈利的那一个，就一定要弄清楚主力的操盘流程。

或许你心中会有疑问，弄清楚主力资金操盘流程还有主力赚散户的钱这两个问题有什么意义吗？当然有意义，而且意义深刻。短线的主要参与者就是主力资金和散户资金，由于股市是个零和市场，一方赚钱，另一方肯定在亏欠，主力和散户就形成了一个相对敌对的状态。在这种情况下，只有你弄清楚对手是谁，对手的目的是什么，以及对手常用的套路，才有可能找到克敌制胜的办法。所以说了解主力资金的操盘流程，是短线操作盈利的必经之路。

● 主力操盘流程

我们已经知道，参与短线的主要资金就是主力资金和散户资金，而主力资金和散户的核心目的都是通过低买高卖赚取差价的方式来实现盈利，但是对于主力资金来说，想要做到这点却并非易事，毕竟主力资金的体量相对较大，少则几个亿，多则几十亿的资金规模，想要完成上述操作是很难的。

然而，难并不是说做不到，主力想要实现这个目的，通常要经过三个阶段，分别是吸筹建仓期、锁筹拉升期和拉高出货期。主力资金正是通过这三个阶段来赚钱的。那么赚的是谁的钱呢？想必大家心里已经有了答案了，那就是散户。主力资金在以上的三个阶段内，会使出浑身解数，来诱骗散户做出错误操作，从而实现自己盈利的目的。

● 主力资金操盘特征

我们了解到了主力操盘的三个流程，那么主力在每个流程中的操盘特征都有哪些呢？

首先看一下主力在吸筹建仓期的特征。主力在此期间会利用自身的资金优势和资源优势去释放利空消息，造成价格破位、跌停等多种极端走势，来消磨市场中散户投资者的持股信心和持股耐性，降低个股的市场关注度，通过反复拉起、砸下的方式，来收集市场中的浮动筹码和套牢筹码。一旦主力将筹码收集完毕，达到控盘的水平，主力即可开始锁仓，为后期锁筹及拉升股价做足准备。

主力在建仓的这段时间内，所有的技术形态其实都是滞后于市场的，因为主力的策略不是一成不变的，而是会根据市场的反馈及时调整，所以传统的技术分析和各类指标在主力面前经常会出现“失灵”的情况，时而准时而不准。这些技术分析和指标是否准确，需要根据主力想采取怎样的措施应对市场的变化而变化的。换句话说，散户最终被主力戏耍的主要原因，就是因为大多数人只看到了主力的表面行为，没有看到隐藏在主力行为背后的本质。

那么隐藏在主力行为背后的本质到底是什么呢？主力资金为什么要反复地去折腾散户呢？因为主力要以较低的股价吸筹建仓，而主力吸筹建仓的主要对象就是散户，在这个资金博弈的市场，同是主力，无论是资金、资源优势，还是控价能力，主力都旗鼓相当，最后谁吃谁、谁赢谁也未可知。而散户完全不同，是这个市场中的弱势群体，既没有控价能力，又没有足够的专业知识，非常容易被表面行为所诱导，成为任人收割的“韭菜”，这也是股市中永远不变的规律。

了解了这个规律后，我们就不难总结出如下结论：主力在低价吸筹期间，主力资金是大量流入个股的，相反地，散户将筹码抛出期间，散户资金呈现从个股中流出的状态。所以说在主力资金吸筹建仓期间，主力资金是持续流入的，散户资金是持续流出的，这就是隐藏在千变万化的股价走势下面最真实有效的主力建仓特征。

接下来分析主力锁筹拉升期的特征。当主力完成建仓后，市场中还是会有一部分散户手中持有筹码的，而主力若想在后期能够赚取更多的利润，势必会想办法将散户洗盘出局。这个时候，主力运用其资金、资源等各项优势，来打压股价，给散户造成一种“个股即将下跌”甚至“再不离场就要被套”的假象，让散户主动抛出筹码。

主力利用散户“恐惧”的心理，制造股价即将大跌的假象，从而将散户清洗出局。然而在这期间，虽然股价有所波动，但是主力的资金却并没有流出，反而是散户的资金在流出，这就是主力洗盘的特征。

最后再看一下主力拉高出货期的特征。当主力完成建仓、洗盘等一系列动作之后，会在短期内将股价拉升到一个相对高点，而散户们看到个股价格上涨后，由于受到“追涨”情绪的影响，会产生“再不买就来不及了”“不买就像错过了好几个亿”的想法，于是追高买入，造成市场情绪高涨。而主力会在这个时候，悄悄地将手中的筹码抛出，造成主力出货、散户接盘的现象。

主力利用散户“贪婪”的心理，大肆散布利好股票的消息，制造股价大涨的现象，从而将筹码抛给散户。在主力拉升出货期间，主力资金大举流出，散户资金大举流入，这就是主力拉升出货的特征。

我们用示意图更直观地描述主力吸筹建仓期间到主力拉升出货期间的资金流入流出。如图1-1所示，红色线表示大单主力资金，绿色线表示小单散户资金，在主力建仓阶段，主力资金净流入，散户资金净流出；相反地在主力拉高出货阶段，则是主力资金净流出，散户资金净流入，形成主力出货、散户接盘的状态；而锁筹期，主力会利用很多技术形态的走势，来诱骗散户卖出其手中的股票，来完成主力洗盘的目的。

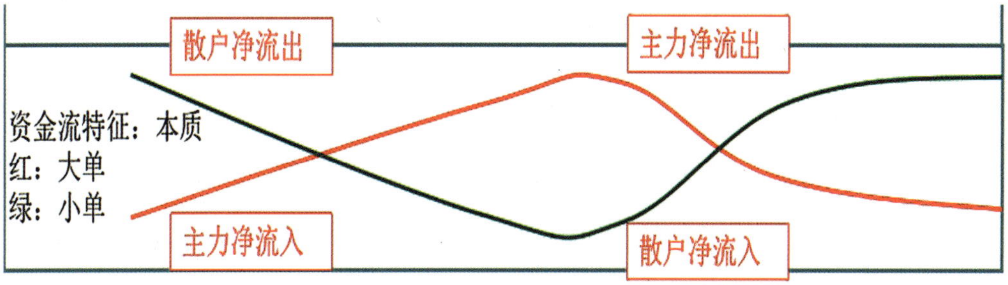

图1-1

看清楚这点之后，我们就明白了主力这三大阶段所对应的不可告人的目的，以及主力在这三个阶段里面资金流向的特征，这是所有个股中的主力共有的操盘特征，不会因为个股的不同而有所区别。

最后用公式简单总结最真实最有效的主力资金操盘特征。

主力吸筹建仓期=主力净流入→散户净流出。

主力锁筹拉升期=股价波动+主力资金未流出。

主力拉高出货期=主力净流出→散户净流入。

第三节　主力建仓、出货、洗盘行为的特征

我们知道了主力资金的构成、主力资金操盘的三大阶段、主力资金的真实目的及资金流向的特征，更知道作为A股市场中的一名散户，想要盈利并不容易，无论从资金量还是资源上，都是无法与主力抗衡的。既然抗衡不了，那么为何不紧跟主力的脚步来实现盈利呢？不得不说，跟踪主力，无疑是散户在股市盈利的最优之选。

想要跟随主力盈利，就一定要了解主力行为，通过对主力的行为结果进行分析研究，从而判断主力的目的及操作手法。接下来阐述跟踪主力行为的方法，以及主力建仓、出货、洗盘的行为特征。

● 跟踪主力行为

在本节内容开始之前，先请大家思考一个问题，作为普通散户，如何跟踪主力的行为呢？

大家在看到这个问题之后，心中一定浮现出不止一种答案了吧，听消息、看龙虎榜、根据技术形态等等。但上面的这些方法，都是不靠谱的，因为这些都是公开的信息，而由于主力和散户的信息本来就是不对等的，这些公开的信息可以被主力所利用，如果通过公开信息就可以跟踪到主力行为的话，那市场中做短线的投资者十有八九都不会亏钱了，自然也不会有“七二一法则”，很显然这种情况不可能发生。

如何才能跟踪到主力行为呢？就是通过跟踪主力资金的流向，研究主力的真实目的，从而实现跟踪主力愿望。研究其他方面，大多数都是表面问题，而资金流向才是本质问题。

市场中每日的资金流向是很难作假的，主力也可以通过一些拆单工具将大单拆成小单，但是使用拆单工具是有局限性的，尤其是针对短线主力，在时间紧迫、任务繁重的情况下，拆单工具并不适用，所以普通投资者就可以通过这个弱点来跟踪主力的资金流向，从中提取出超大单资金的成交结果，并通过一套内部算法计算出主力盘中的净买入量，以及主力资金净买入量占流通盘的比例，通过以上两个数据来跟踪到当天的主力资金行为，并借助当前股价的相对位置和题材的热度等信息，推算出主力行为的真实目的。

接下来就跟大家分享一下如何通过主力资金流来识别主力建仓、主力出货、主力洗盘等行为。

我们知道每天每只股票都有买卖，都有资金流出与流入，但对股价走势有影响的是主力资金，因此我们必须对主力流入资金和流出资金的性质加以区分，并进行分类。

在此之前，我们首先介绍针对不同性质资金的资金流系统指标。

资金流一号：用来观察主力资金成本区的位置，共包含了红色实体柱K线和上升趋势线两部分(图1–2)。

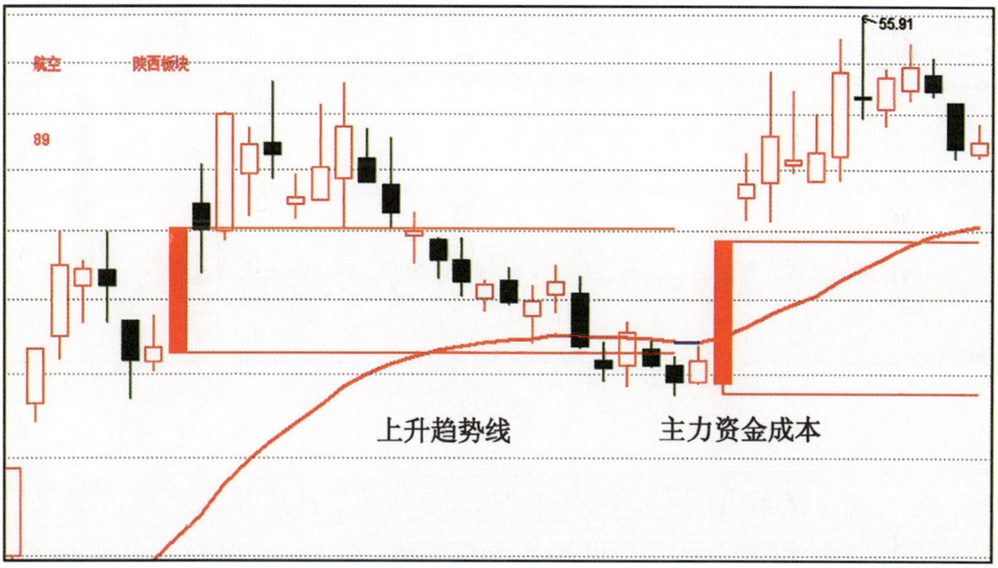

图1–2

当资金流一号中出现红色实体K线的时候，说明当日有大量主力资金流入到个股中，且当日的股价就是主力资金的成本区位置。

当资金流一号中的上升趋势线为红色的时候，说明股价的整体趋势向好，反之为蓝色的时候，说明股价的整体趋势走坏。

资金流二号：监测市场中主力资金的意向，在出现涨停板或者跌停板时，运用该项功能。

资金流二号中的红柱表示的是超大单主力资金，绿柱表示的是小单散户资金，红柱朝上说明当日主力资金的意向是在向个股中流入，红柱朝下说明当日主力资金的意向是从个股中流出(图1–3)。

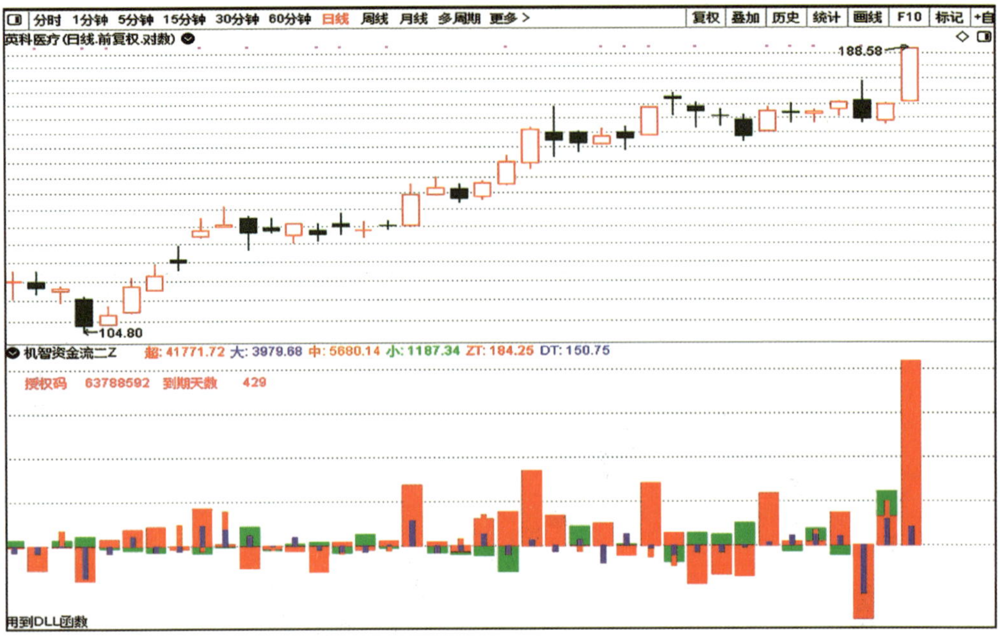

图1–3

在未出现涨、跌停板时，主力资金具体流入及流出结果以资金流三号为准，可不用看资金流二号；当出现涨跌停板时，主力资金流入的结果用资金流三号减去资金流二号来计算。

资金流三号：监测市场中各路资金流向的结果。

红柱代表超大单，紫柱代表大单，黄柱代表中单，绿柱代表小单，柱状线向上代表资金流入，柱状线向下代表资金流出。柱状线上方数字代表资金流入量（以万元为单位），柱状线下方数字代表当日流入的超大单资金占流通盘的比例(图1–4)。

当资金流三号中出现“红柱朝上绿柱朝下”的形态，说明当日主力资金进钱不出；当资金流三号中出现“红柱朝下绿柱朝上”的形态，则说明主力出货散户接盘。

资金流四号：监测市场中各路资金的成交量。

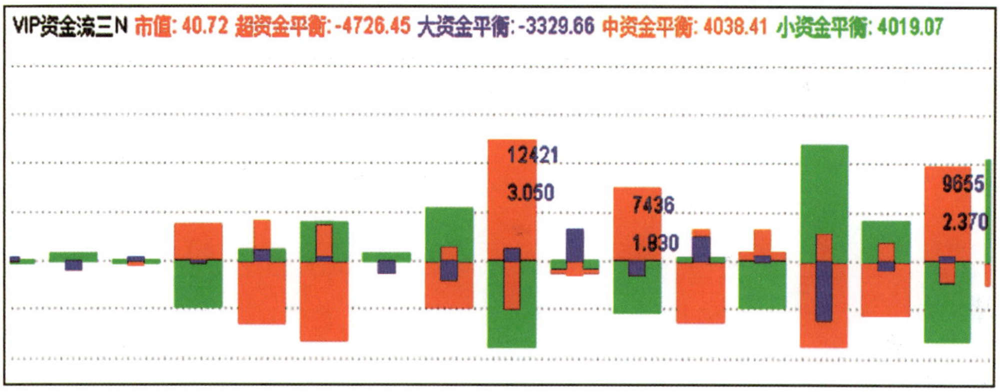

图1-4

资金流四号中的红柱表示超大单主力资金当天的成交量，紫柱表示大单资金当天的成交量，橙柱表示中单资金当天的成交量，绿柱表示小单散户资金当天的成交量(图1-5)。

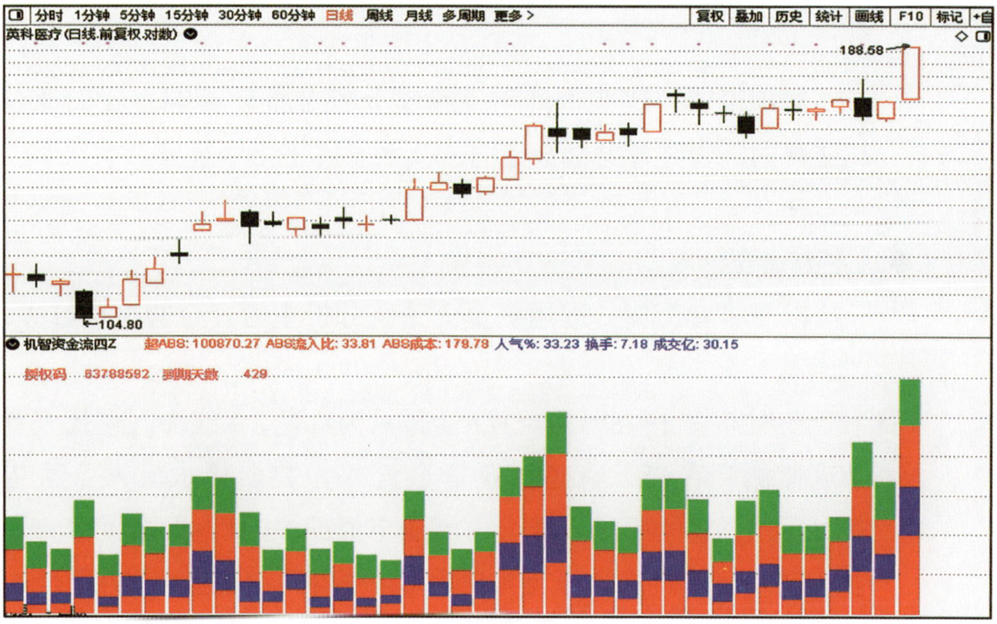

图1-5

资金流五号：监测个股中是否有主力资金持仓。

当资金流五号为红色的时候，说明个股中有主力资金持仓，且红色面积越大，说明主力资金的仓位越重。当资金流五号为蓝色的时候，则说明个股中没有主力资金场内持仓(图1-6)。

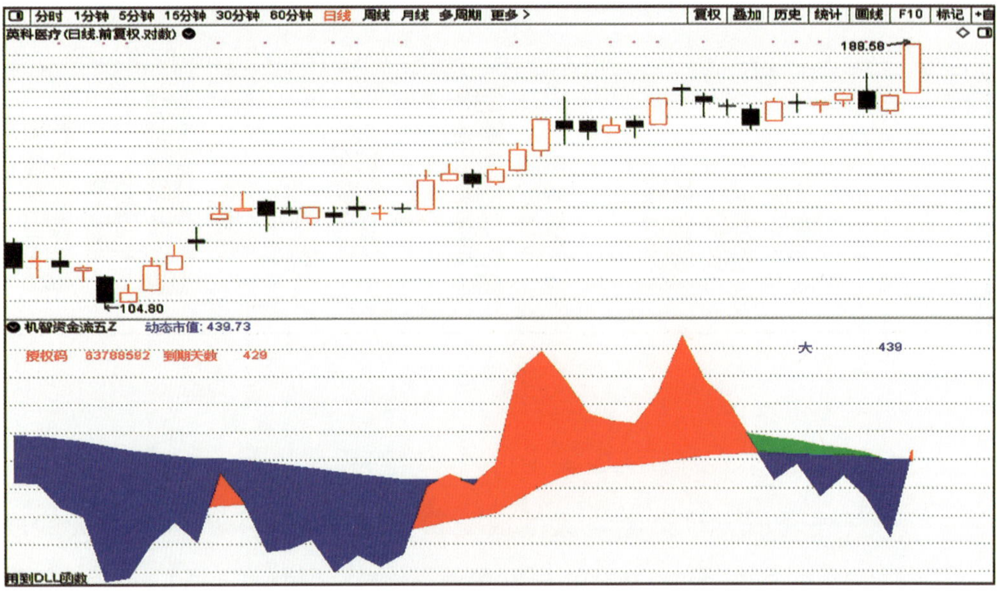

图1-6

原理说明：股票上涨与下跌是受资金推动影响，我们通过成交数据，研究各类资金流向，从而了解主力资金操盘手法。

● 主力建仓

以漫步者为例，运用资金流系统分析主力资金的建仓过程，图1-7。

漫步者股价在8元的位置K线显示为红色，K线为红色代表资金流监测到在当天有超大单资金流入，数据显示流入金额为3728万元，超大单流入资金占流通市值的1.47%，形成了主力资金净流入、散户资金净流出的特征。这种特征说明主力资金在建仓，为了方便记忆，我们将资金流的这种特征简称为“上红下绿，主力建仓”。从图中我们可以看出，随后的几个交易日内，主力一直处于吸筹建仓的状态，在主力建仓后，股价也随之一路飙升，一个月不到的时间内，就已经翻倍了，利润十分可观。

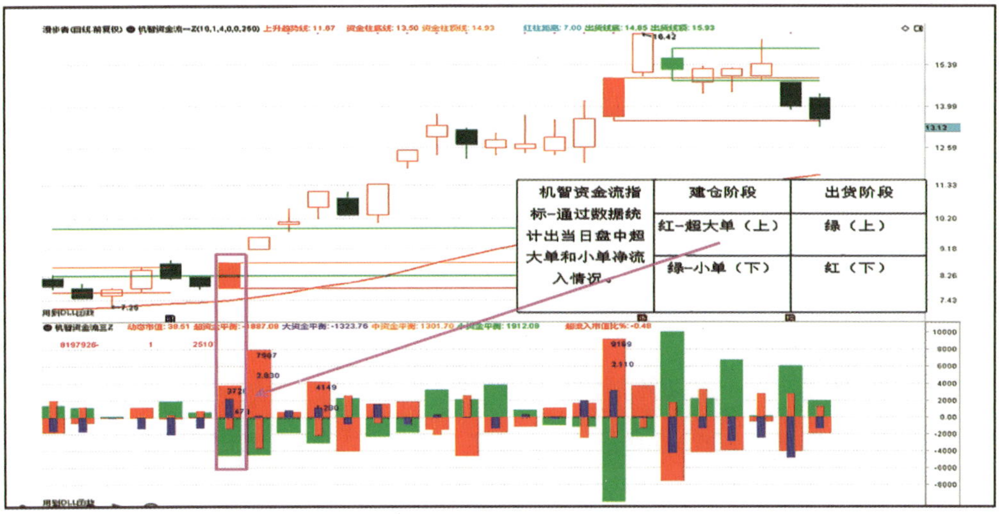

图1-7

● 主力出货

我们依然以漫步者为例，运用资金流系统分析主力资金的出货过程，如图1-8所示。

漫步者在16元附近，出现了绿色K线，绿色K线代表资金流监测到当日超大单资金流出，数据显示流入金额为1.2亿元，占

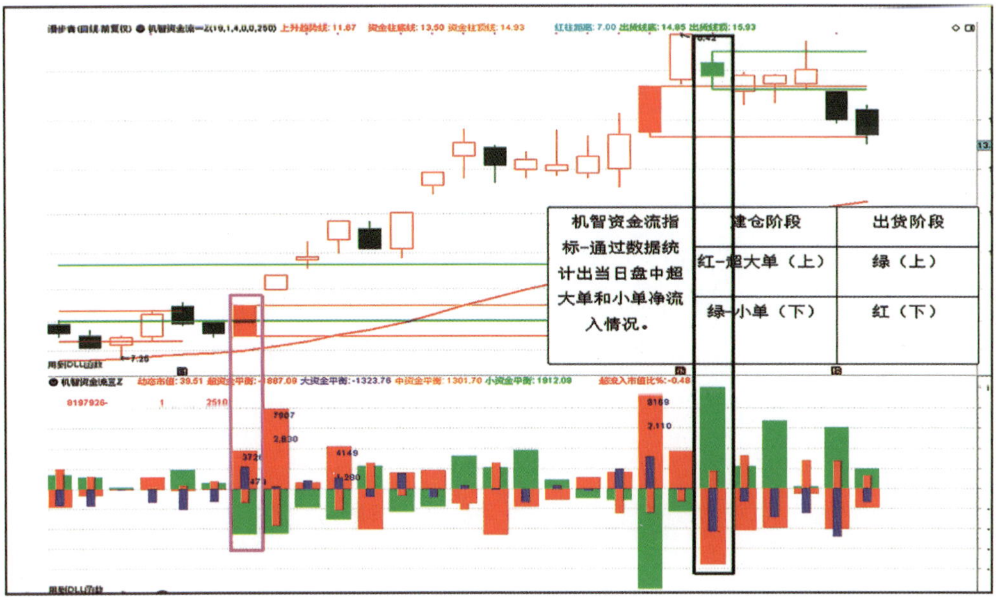

图1-8

流通市值的3%，形成了主力资金净流出、散户资金净流入的迹象。这种情况就说明主力出货，散户接盘。为了方便记忆，我们将资金流的这种特征简称为“上绿下红，主力出货”。

从图中我们可以看出，在随后的几个交易日内，主力资金大量净流出，将筹码都抛售给散户，股价开始走下跌行情。

● 主力洗盘

通过上面两个小节的讲解，大家应该能够通过资金流分辨出主力建仓期和出货期的特征了吧。本小节将运用资金流系统为大家分析主力资金的洗盘特征。

很多投资者无法区别主力洗盘与主力出货的不同，所以在主力洗盘的时候，会觉得主力已经开始出货，而急忙将自己手中的筹码抛出。这正中主力下怀，以至于股价拉升的时候才后悔莫及。主力洗盘的目的就是想将散户清洗出局，为后期股价的拉升做准备，通过本小节的学习，将带你了解主力洗盘与出货的区别。

主力洗盘和主力出货的资金流到底有什么不同之处呢？

它们的区别就在于，当股价处于下跌行情时，虽然个股的价格在下跌，但是主力资金在个股中的持仓是不变的。也就是说，主力资金是不流出的。主力通过自身的优势，造成一种股价下跌的假象，来诱骗散户将手中的股票卖出，这种情况为主力洗盘，而主力洗盘的目的，就是希望将散户清洗出局，从而为后期拉升股价做好充足的准备。反之，当股价处于波动行情时，主力资金出现大幅度减仓行为，主力资金持续流出，散户资金持续流入，这种情况才是主力出货。

弄清楚主力洗盘和出货的区别后，相信大家在实战中，就不会轻易被主力制造的一些“假象”诱骗而被主力洗盘出局了。

● 案例说明

经过前面几节的学习，大家对资金流系统有所了解，本小节通过几个案例讲解，加深对资金流系统使用的熟练度。

案例一：春兴精工

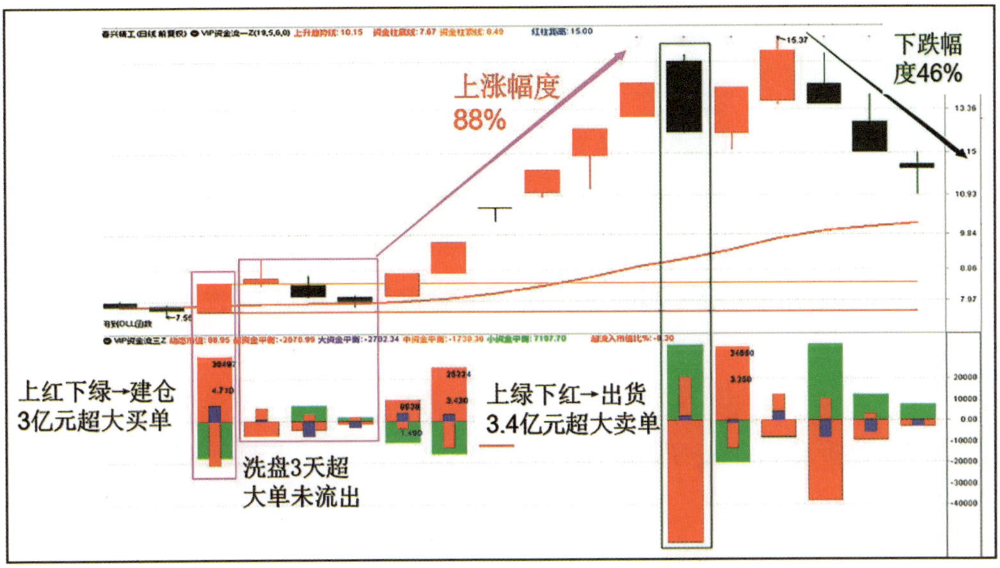

图1–9

图1–9为春兴精工的资金流图，在低位出现了上红下绿的走势，主力资金进钱不出，当天净买入3亿元，占流通市值的4.7%，这是很明显的主力建仓行为。

股价在随后的三个交易日展开回调，而股价回调时，最大的跌幅基本吞没了前期的所有涨幅。从技术形态上来看，主力行为是很难分辨的，单凭这个看不出主力是在洗盘还是出货了。但是通过资金流系统，我们可以很明显地看出，主力资金其实是在进行洗盘，主力的大资金并没有流出。主力洗盘的行为，本意是将散户清理出局，但也给了散户最好的低吸机会，如果能够抓住这个机会，后期定将收益颇丰。

大家能够看到，在主力洗盘结束后，接下来的几个交易日里，主力资金再次大举净流入，股价也随之一路上涨，最大涨幅达到了88%。作为散户，就要看懂主力行为，并且做到与庄共舞的盈利效果。

而股价在快速翻倍后，出现了上绿下红的主力出货的特征，主力资金当日净流出了3.4亿元。出现这种信号，就应该将手中个股立即卖出。虽然在卖出之后，股价又连续上涨了两天，这也是资金流跟踪主力的实战效果，并不是说资金流的数据指标有问题，相反地，这恰恰说明了资金流跟踪的资金数据是实时的。从资金流系统的数据指标来看，股价在这两天的上涨，也正是因为有主力资金大举流入而造成的结果，而主力这样做的最大原因就是，在之前的一波股价拉升后，并没有将所有筹码全部出售给散户，所以后期才会再次拉升股价，并在股价冲高之后，将筹码一次性出给散户，完成最终出货。我们可以看到，股价在两个交易日的上涨后，连续三个交易日大幅下跌，跌幅达到46%。

在这里需要大家注意的一点就是：我们能做的是跟随资金流去做跟踪主力操作，但是我们预测不了股票明天的涨跌，所以在实盘操作中，大家不要太贪心，只需要跟随主力的脚步操作，买在相对低点、卖在相对高点，赚取中间较为稳健的波段利润就好，这个利润也是十分可观的。

案例二：康强电子

该股也是在实盘中通过资金流操作过的个股。从图1-10中可以看出，该股在低位时出现了上红下绿的主力建仓特征，主力资金进钱不出，当日流入资金达1亿元之多。

主力建仓完成后开始进行洗盘，判定该行为是主力洗盘的根据就是：股价展开了连续4个交易日的回调，但主力超大单资金并未流出，而在股价回调的这4个交易日当中，也是散户投资者低吸的最佳时机。主力洗盘后，主力资金再次拉升股价，股价一路上涨，最大涨幅达到117%。

主力将股价拉升到高位后，并为出货做好了充足的准备。在股价翻倍之后，资金流数据指标出现了“上绿下红、主力出货”的特征，股价随后大幅下跌，下跌幅度达72%。

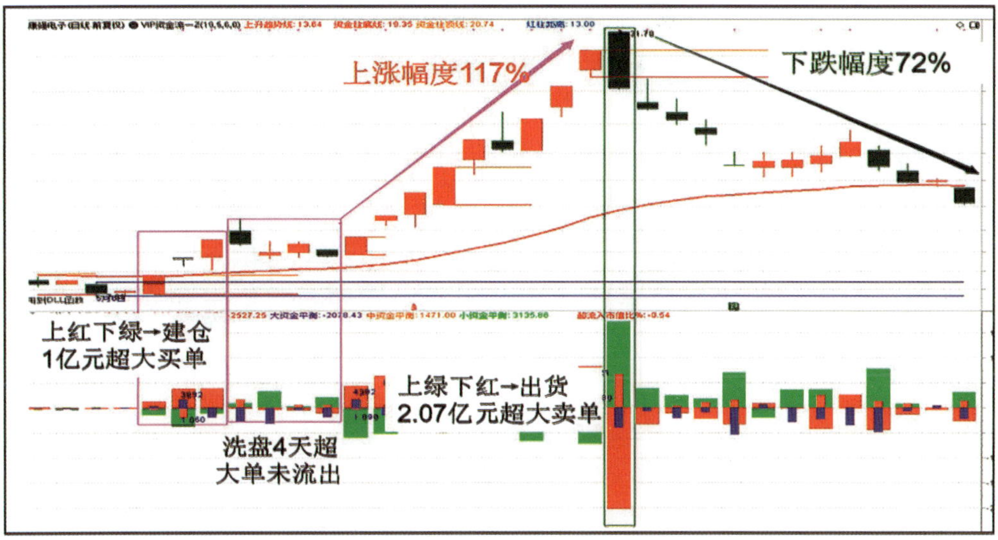

图1–10

案例三：贵州三力

如图1–11所示，依然是股价在低位时出现了上红下绿的主力建仓特征，资金大举流入，主力只进不出，随后开始进行了很长时间的洗盘行为，为后期股价拉升做好了充足的准备。主力成功洗盘之后，资金再次大举流入，开始拉升股价，随后四个交易日内，股价从25元左右一路上涨到40.49元。隔天，资金流呈现“上绿下红、主力出货”的态势，主力资金大量流出，散户资金大量流入，主力开始在高位出货，散户接盘，股价也随之一路下跌。

该股的洗盘时间较长，虽然主力的意图是将更多的散户清理出局，然而也给了散户许多低吸的机会。

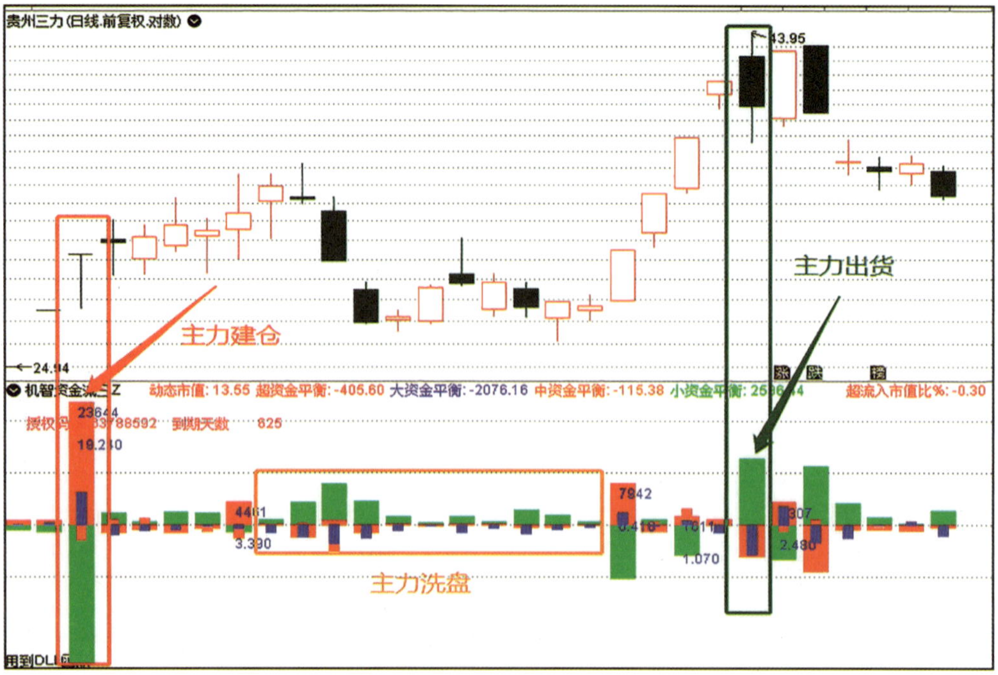

图1–11

● 能力测试

一、单选题

1、影响股票涨跌的根本原因（ ）

A. 国家政策

B. 大盘环境

C. 资金的推动

D. 利好消息

2、如何从本质上跟踪主力行为（ ）

A. 听消息

B. 看龙虎榜

C. 根据技术形态

D. 跟踪主力资金流向

3、以下哪种资金以稳定市场为主（ ）

A. 国家队基金

B. 公募基金

C．北上资金

D．社保基金

4、以下哪种资金的收益主要来自于管理费，将长期稳定作为核心任务？（　）

A．国家队基金

B．公募基金

C．北上资金

D．社保基金

5、以下哪种资金主要由港资和外资主城，且投资偏好为价值投资和价值挖掘（　）

A．国家队基金

B．公募基金

C．北上资金

D．社保基金

二、多选题

1、股市的盈利方式（　）

A．公司分红

B．资产重组

C．低买高卖、赚取差价

D．售卖股权

2、影响股票涨跌的因素有哪些（　）

A．国家政策

B．业绩

C．利好消息

D．大盘环境

3、资金推动的表现方式（　）

A．供不应求、股票价格上涨

B．供不应求、股票价格下跌

C．供大于求、股票价格上涨

D. 供大于求、股票价格下跌

4、参与短线的资金有哪些（ ）

A. 私募基金

B. 游资机构

C. 普通投资者(散户资金)

D. 公募基金

5、主力操盘流程有哪些（ ）

A. 建仓

B. 洗盘

C. 拉升

D. 出货

6、以下哪句话是正确的（ ）

A. 股市是个零和市场

B. 股市是财富的收集和再分配的场所

C. 股市产生财富

D. 股市中存在“七二一”法则

三、思考题

1、主力资金的操盘特征?

2、如何跟踪主力行为?

3、主力洗盘和出货的资金流有什么不同之处?

参考答案

单选题

1. C 2. D 3. A 4. B 5. C

多选题

1. AC 2. ABCD 3. AD 4. ABC 5. ABCD 6. ABD

思考题

略(参见本章有关知识点)

第二章　短线跟踪主力条件

通过上一章的学习，我们了解了短线跟踪主力的原理，学习了短线的核心目的、股票涨跌的根本原因、资金推动的表现方式、股市各路资金特点、参与短线的关键资金等知识点，相信大家已经能够通过资金流分析主力何时建仓、洗盘、拉升、出货，从而实现跟踪主力盈利了。

然而，单是了解了短线跟踪主力原理还远远不够，毕竟A股市场中有个股4000余只，就算是操盘手，也不可能只要开盘，就盯着这4000多只个股。因此，掌握短线的跟踪主力条件就显得尤为重要了。只有掌握了主力资金的选股偏好、了解短线跟踪主力的选股条件，结合一些技术分析方法，才能够更好地进行个股的跟踪主力操作。

通过本章学习，您将了解到主力资金的选股偏好、短线跟踪主力的选股条件及主线行业分析法，再结合本章三小节内容并加以灵活运用，可助您在短线跟踪主力选股操作中受益良多。

第一节　主力资金选股偏好

大家已经知道短线炒股盈利的关键是跟踪主力，是否还知道短线炒股中主力资金的选股偏好是什么吗?

很多股民一定觉得，主力资金偏向于大盘蓝筹股。其实不然，大盘蓝筹股是养老社保金及公募基金等稳健性投资者较为喜欢的类型，短线游资是不会炒大盘蓝筹股的，因为炒不动！

也有很多股民朋友们觉得，那一定是消费白马股了吧？也不是，因为白马股是北上资金及私募机构等价值投资者较为喜欢的，并非短线游资的“良配”。

那到底短线主力喜欢什么类型的股票呢？通过本小节的学习，您将了解主力的选股偏好，学会投其所好与庄共舞的方法。

● 可控性

短线的主力资金主力喜欢寻找那些能够自己“说了算”的个股，怎样的股票能够“说了算”呢？当然是那些没有其他主力资金的股票。

俗话说“一山不容二虎”，主力资金在选择炒作股票的时候也是如此，主力并不希望自己的对手能够与自己相匹敌而使自己无法掌控局面，所以一般主力不会去选十大股东里面有公募基金或者是有其他私募基金重仓的个股进行炒作。

试想一下，如果游资选择的是这种股票，无论是吸筹也好，出货也罢，都会遇到很强的阻力，毕竟公募或是私募基金，无论是资金基础还是资源优势，和游资都是一个级别的，甚至有些机构的实力是要远大于游资的。同这样的对手较量起来，难度可想而知，只要在操作的时候稍有不慎，很可能被套的就是游资自己了。所以凡是十大股东里有公募基金或是有私募机构重仓的股票，其他新的主力一般不愿意介入，除非是本身在场的主力才可能会对这种票进行短线炒作。

大家在工作和学习中，一定也能够领悟到这样一个道理：有些事并不是自己“说了算”就可以的。因为有些事情不是只要自己有决定权，就一定会做好。例如有些小事费时费力，能做但却不值得去做，反之有些事情是超出自己能力范围的，所以做不到。短线炒股也是一样的道理，主力也要考虑自身的能力问题。

接下来就给大家说一下另外一种影响主力对个股可控性的因素——流通盘的大小。

主力通常在选择股票的时候，会根据自身的资金实力去选择流通盘大小适合自己的个股。如果主力选择的盘子太小，会因为没有足够的对手盘，而造成吸筹的时候没有足够的筹码，出货的时候也没有足够的人接盘，从而导致操作难度增加；反之如果选择的盘子太大，会因为没有足够的资金量，而无法拉升股价控盘操作。所以主力资金一般会选择流通盘适中的个股进行操作。有数据统计，目前国内主流的短线主力资金会选择市值在30亿~100亿元左右的公司进行布局，这样的个股短线主力比较喜欢且可控性强。

● 价格优势

不知道大家有没有发现，A股市场中的散户，大多喜欢买价格低的个股。这个价格低不是说股价处在低位，而是个股本身的价格较低。通俗一点讲，就是便宜。中国的大部分普通老百姓在购物时都有喜欢买便宜货，这是个不争的事实，反映到A股市场散户身上，特点就是：喜欢买低价股。

主力也十分清楚散户的这一特点，所以在进行短线炒作的时候，自然会偏向一些股价低的个股，因为股价越低，后期的炒作空间就越大。假设主力在吸筹建仓期的股价成本是5~10元，一手的价格也就在500~1000元之间，就算是主力在后期操作的过程中，将股价炒到翻倍，散户在接盘的时候，股价也只有10~20元，一手的价格只需1000~2000元就足够了。就算翻两倍，一手的价格也没有多少钱，而这个价格是大部分散户都拿得出、拿得起的。考虑到这方面的因素，主力自然对低价股青睐有加。

反过来试想一下，若主力选择介入价格相对较高的股票的话，经过几番炒作之后，股价很容易就炒到上百元，对于大部分的中国散户来说，接盘百元股是十分有难度的，毕竟目前国内的平均工资水平还是很有限的，做短线的主力自然就不会轻易去碰价格太高的股票。当然了，做长线投资等其他方式的主力自然不受这个限制。

● 易出货

通过第一章的学习，大家已经了解到主力是通过低买高卖、高抛低吸赚取价差的方式而达到盈利的目的，所以主力在进行个股选择的时候，一定会考虑到后期的出货问题，挑选个股的时候也会优选那些在未来好卖的、容易出货的股票。

我们暂且不说怎样的股票是容易出货的股票，先请大家想一下，大家在买入股票的时候，通常都会选择怎样的股票来买呢？想必大家心里很自然地就想到这种股票的类型了吧，是不是那些有国家政策利好的股票和那些业绩良好的股票更受大家的追捧呢？主力也十分清楚这一点，这些有政策或业绩利好的个股，正是那些容易出货的个股，这也就是为什么主力都扎堆去买热门行业股票的原因。

然而作为普通散户想要判断热门行业并非易事，不仅需要专业知识，还需要能够读懂国家政策。这些技巧是大多数股民朋友所不具备的。不过没关系，后面会有专门的章节，来详细讲解如何分析热门行业和解读国家政策。

● 对手弱

在第一章中我们已经讲过，在一定时段内，股市是个“零和市场”，股市不会产生财富，只是财富再分配的场所。而参与短线的主要成员就是主力资金和散户资金，所以主力赚的钱就是散户赔的钱。而主力如果想赚得多，散户自然也赔得多。

主力在进行个股选择的时候，考虑到这层因素，会选择那些对手弱、也就是散户多的股票，因为散户越多，能够在这只股票中所获得的利润就越多，反之散户越少，能够在股票中获得的利润就越少，散户无论从资金基础还是资源优势方面，实力都要远远弱于主力，能够完全受控于主力，这就是主力会找那些散户较多的个股下手的原因。

● 案例说明

本小节运用案例讲解的方式，带大家一起复盘几只主力进行过翻倍炒作的个股，看看是否符合上述的主力资金选股偏好的特征。

案例一：航天长峰

图2-1

如图2-1所示，航天长峰是呼吸机概念炒作起来的个股，该股在低位炒作的初期阶段，也就是第一个涨停板的位置时，动态市值是39亿元，符合短线主力选股的市值要求，满足了短线主力资金“可控性强”的选股偏好。

主力资金在吸筹建仓初期阶段，该股的价格在10元附近，符合低价标准，满足了短线主力资金“价格优势”的选股偏好。

而当时由于新冠疫情的大面积暴发，呼吸机概念刚好是市场热点，也是市场焦点，这样的股票完全满足了短线主力资金“易出货”的选股偏好。

接下来我们再看航天长峰的股东结构(图2–2)，从中我们不难发现，当时航天长峰的十大流通股里面，机构资金还是比较少的，大部分股东为个人投资者和本公司股东，并且有很多限售股在里面，完全满足了短线主力资金“对手弱”这一选股偏好。

●十大流通股东 截止日期:2020-03-31
前十大流通股东累计持有：3989.97万股，累计占流通股比：11.70%，较上期变化：-705.19万股↓

股东名称	股东类别	持股数(万)	占流通股比%	增减情况(万)
北京计算机应用和仿真技术研究所	其他机构	1024.51	3.01 A股	未变
中国航天科工集团第二研究院二〇六所	其他机构	928.46	2.72 A股	未变
中国航天科工集团第二研究院七〇六所	其他机构	428.22	1.26 A股	未变
上海上国投资产管理有限公司	其他机构	394.42	1.16 A股	-409.12
博时基金管理有限公司-社保基金四一九组合	社保基金	299.99	0.88 A股	-300.00
中国航天科工集团有限公司	其他机构	291.52	0.86 A股	未变
中国汽车工业投资开发有限公司	其他机构	267.59	0.78 A股	未变
朱国泓	自然人	134.03	0.39 A股	-30.03
陈雅萍	自然人	121.21	0.36 A股	新进
易方达鑫享股票型养老金产品-中国工商银行股份有限公司	其他机构	100.00	0.29 A股	未变
较上个报告期退出前十大流通股东				
许雄葵	自然人	87.25	0.26 A股	退出

图2–2

综上所述，航天长峰各方面都满足了主力资金的选股偏好，颇受主力资金喜好，故而在很短的时间内，价格从10元一路飙升到29.66元，股价翻了两三倍之多。

案例二：金健米业

如图2–3所示，金健米业在第一个涨停板低位启动的时候，动态市值为30.87亿元，符合短线主力选股的市值要求，满足了短线主力资金“可控性强”的选股偏好。

金健米业在低位启动时，个股的价格仅为4元，符合低价标准，满足了短线主力资金“价格优势”的选股偏好。

金健米业属农林牧渔板块，当时有两层利好因素，一是疫情引发的粮食危机，二是非洲蝗灾引发的粮食危机预期，金健米业拥有两个热点加持，自带光环，更能吸引投资者的眼球，完全满足了短线主力资金“易出货”的选股偏好。

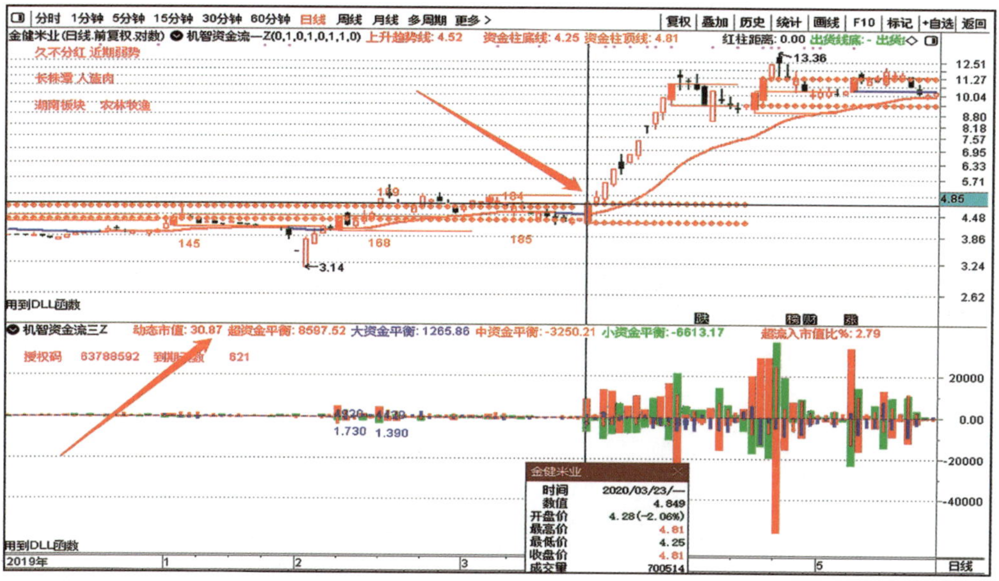

图2-3

最后我们再来看一下金健米业的股东结构(图2-4)，基本都是个人投资者为主，符合短线主力资金“对手弱”这一选股偏好。

【2.股东变化】

●十大股东 截止日期:2020-03-31

前十大股东累计持有：1.87亿股，累计占总股本比：29.12%，较上期变化：893.24万股↑

股东名称	股份性质	持股数(万)	占总股本比%	增减情况(万)
湖南金霞粮食产业有限公司	流通A股	14335.01	22.34	未变
湖南发展资产管理集团有限公司	流通A股	1174.82	1.83	-505.40
王暨钟	流通A股	1031.72	1.61	新进
吴建军	流通A股	394.49	0.61	新进
中国证券金融股份有限公司	流通A股	372.50	0.58	未变
赵强	流通A股	361.47	0.56	新进
张新	流通A股	300.00	0.47	新进
郭黄	流通A股	268.00	0.42	未变
王荣	流通A股	250.00	0.39	新进
孙文婷	流通A股	200.00	0.31	新进

图2-4

金健米业依然是满足了主力资金各方面的选股偏好，所以这只个股一跃成为大家追捧的热点，从4元一路飙升到13元，股价翻了三倍多仅用了一个月左右的时间。

案例三：轴研科技

如图2–5所示，轴研科技在第一个涨停板低位炒作的初期，动态市值是25亿元，符合短线主力选股的市值要求，满足了短线主力资金“可控性强”的选股偏好。且该股在低位启动第一天的价格是5.6元，符合低价标准，满足了短线主力资金“价格优势”的选股偏好。

图2–5

轴研科技的股东结构也都是以个人投资者为主(图2–6)，符合短线主力资金“对手弱”这一选股偏好。

轴研科技也正是因为各方面都满足了短线主力的炒作偏好，所以股票价格从5元到12元，暴涨八个涨停板也只用了8个交易日的时间。

大家先不要羡慕这几只股票，通过本小节几个案例的讲解，相信大家对短线主力的偏好也有了新的认识了，掌握了主力资金的选股偏好之后，下一节将为大家讲解短线跟踪主力的选股条件，结合这两节内容，大家自己也有机会挑选到这样的个股！

【2.股东变化】
●十大股东 截止日期:2020-03-31
前十大股东累计持有3.43亿股，累计占总股本比65.45%，较上期变化43.22万股↑

股东名称	股份性质	持股数(万)	占总股本比	增减情况(万)
中国机械工业集团有限公司	流通A股,流通受限股份	26245.27	50.05	未变
长城(天津)股权投资基金管理有限责任公司-长城国泰-定增1号契约型私募投资基金	流通A股	5508.99	10.51	未变
国机资本控股有限公司	流通受限股份	612.11	1.17	未变
黄志成	流通A股	583.00	1.11	0.31
中央汇金资产管理有限责任公司	流通A股	431.46	0.82	未变
张江汉	流通A股	264.86	0.51	新进
赵新苗	流通A股	207.60	0.40	未变
夏洪飞	流通A股	189.56	0.36	未变
刘子翔	流通A股	152.30	0.29	0.30
冯俊弟	流通A股	123.18	0.23	新进

图2-6

第二节　短线跟踪主力的选股条件

了解短线跟踪主力的选股条件，才能够在短线操作的时候，选择到适合的股票跟踪主力盈利。本节将从主线行业、股价低位或平台、个股流通盘市值、主力进钱不出、主力持仓、前期高点无套牢盘及排除风险股等几点做详细讲解，让股民朋友们了解短线跟踪主力的选股思路，轻松掌握主力运作思路和偏好，找到适合散户关注的个股进行短线跟踪主力操作。

● 主线行业

看到这四个字的时候，相信很多股民朋友们都有这样的疑问：什么是主线行业？主线行业简单来说，就是国家扶持的潜力型行业。

回顾2019年我们不难发现，涨得最好的行业就是半导体、元器件、芯片、5G、软件服务和医药，且是整个板块几乎都翻倍，这几个行业中翻倍的个股就更不用说了。为什么这几个行业在2019年基本全部翻倍呢？究其原因，正是因为国家在2019年年初出台了“减费降税”的政策，而这个政策对于半导体、元器件、芯片、5G、软件服务等行业都有重大利好，加之国产化替代的政策也在持续进行，有了国家政策扶持，这些行业板块自然涨幅翻倍。

接下来再看一下2020年，涨得最好的行业板块是医药、半导体、元器件、工程机械、建材等，这些板块涨得好的原因是上一年政策的余温尚存，加上数以万亿的大基建刺激计划，最终导致了这些行业板块的暴涨。通过这两个例子不难看出：国家扶持的行业板块没有不涨的道理，顺势而为才是股市盈利的真理。

说起“顺势而为”这个词，相信把“顺势而为”理解成适应大盘趋势的人不在少数。这个理解也没问题，但并不是完全正确的。因为适应大盘只是表面现象，而真正的本质，却要顺从国家的发展趋势，从大局观的角度出发，这才是真正的“顺势而为”。

反映在个股选择中，就要去寻找一些符合国家政策、自身发展前景良好的行业作为重点主线，再从主线行业中去寻找适合的个股，这样才非常容易跑赢市场、跑赢大盘。只要找对了主线行业，即便不懂个股选择的技术和条件，买行业的ETF指数基金，也基本可以跑赢大盘。

反之，如果在进行个股选择的时候选错了行业，非但不是主线行业，反而是一些冷门行业的话，就会出现一步错步步错的情况。例如房地产、有色金属、传媒娱乐等行业，这些行业无论是2019年选的还是2020年选的，基本都没有什么涨幅。所以在进行个股选择的时候，选对主线行业至关重要。若把选错行业说成是输在起跑线上也不为过。“选择比努力更重要”，这句话在炒股中也十分适用。

● 股价处在低位或平台

除了主线行业这个选股条件外，股价也是十分重要的选股条件之一。当个股的股价处于相对低位或平台的时候，是比较容易受到主力资金追捧的，因为处在低位或平台的股价，下方是有支撑的，所以风险较小，且处于低价的个股，后期的获利空间就很大。

在进行个股选择的时候，首先要选对主线行业，接下来就是要选择股价处于低位或平台的低风险、获利空间大的个股。那么对于普通散户来说，如何去寻找风险低的个股呢?

不知道大家是否听过“股票是涨出来的风险、跌出来的机会”这样一句话，这句话是有一定的道理的，所以说，只要股价处在低位或者是在平台，且阶段涨幅小于30%的，这样的个股基本不存在太大的出货风险。

反言之，那些阶段涨幅已经达到100%以上的股票，就算形态再好，作为普通散户也尽量不要买入。试想一下，当主力已经在某只个股中获得了100%的利润后，后期就算遭遇跌停板，在跌停板出货，最坏的结果就是盈利90%；而如果散户在股价已经翻了一倍的时候接盘的话，如果遭遇跌停板，瞬间就会损失10%的资金。高位接盘后遭遇跌停板的打击，是一般散户难以承受的。

● 流通盘市值

除了上面讲的两点外，流通盘市值也是短线跟踪主力选股的重要条件之一。在之前的章节讲解中我们已经讲过了，通常流通盘市值在30亿~100亿元左右的个股颇受主力青睐，因为盘子适中，比较适合短线介入。盘子太大会因为资金量不足而难以拉升股价，短线的主力资金难以操控，而盘子太小的股票，由于没有足够的对手盘，给主力吸筹和出货增加了难度。

当我们了解了主力资金选股的偏好之后，就应该知道，散户也要跟随主力思维，在选股上与主力资金同步，所以要选择那些流通盘适中的个股进行操作。有数据统计，在过去5年内，做短线能够在1至2个月的时间就能股价翻倍的票，80%的流通盘市值都在30亿~100亿元这个范围内。

- **主力进钱不出+主力持仓**

是不是说，找到主线行业，选择处在低位或平台的个股且个股的市值也适中的股票就一定能涨呢？也不是的，大家是不是忽略掉了一个十分重要的因素，就是股票涨跌的根本原因——资金驱动。

而短线炒股中，能够推动个股拉升的资金就是主力资金了。所以一只个股中，是否有大量的主力资金流入，是短线跟踪主力选股的必要条件之一，如果在个股中没有主力资金大量流入，那个股是很难有上涨的可能的。

据数据统计，当超大单资金单日流入大于流通盘2%，且主力回调洗盘，主力资金流出不超过30%的时候，说明这只个股正处于主力洗盘阶段，是介入的良机。

但是也要注意另外一种情况，有时候并不是说主力资金大量流入，主力进钱不出的股票就一定会上涨，也会出现主力进钱不出但股票迟迟不涨的情况。这是因为在选股的时候，大家只能通过一些表面现象看到了主力资金在流入，却并没有注意到主力资金的仓位是多是少，换句话说，如果主力资金的仓位较少，资金今天流入，第二天就立马流出，或者主力只是拿了筹码去挖坑，实际上并没有多少仓位。这样的现象也是常见的，所以一定要了解主力的持仓情况。当主力超大单资金的累计流入量减去流出量得出的数值为负的话，这样的标的是万万不能础的。

很多股民朋友又问了，如何掌握主力持仓的多少呢？别急，本节最后的案例说明中，会为大家做详细讲解。

● 前期高点无套牢盘

前期高点没有套牢盘也是短线跟踪主力选股的重要条件之一。

众所周知，影响股票涨跌的关键因素有两个，一个是推动力，一个是阻力。所以，就算是某只个股满足了上文中的几个条件，且有了主力资金的推动，也不见得股价就一定会涨，还要看是否有阻力，看前期是否有套牢盘。

试想一下，如果某只个股在前期高点有几个亿的套牢盘，就算是有短线主力资金流入做推动，短期内涨上去了，但股价一旦达到前期套牢盘位置，就会出现抛盘现象，因为套牢盘是天生的空头，一旦达到解套价格，定会毫不犹豫地卖出自己手中的筹码。换句话说，只要套牢盘不解决，主力都很难进行股价拉升。

● 排除风险股

诸如ST康美、ST新海，ST信威等爆雷股，想必大家都有所耳闻吧！这种股票只要买到一只，后果不堪设想，少则十几个点，多则几十个点的跌停板，十几块的股票瞬间就跌到了1元、2元的无力感真的很让人崩溃。一旦遇到这种情况，一切的努力就都付之流水了，除了起诉上市公司财务造假索赔以外，基本没有什么其他好的方法了。

而这些个股当初也不乏风靡一时的辉煌时刻，在进行短线跟踪主力选股的时候，某些个股明明符合了之前提到的所有选股条件，但为什么会出现这种爆雷的情况呢？因为这些股票属于风险股票。接下来就给大家分享一下过滤风险股的方法。过滤风险股需要涉及很多专业财务知识，在此只挑出两个比较简单且十分有效的规避条件，掌握了这两个条件并灵活运用，在个股选择中，可以过滤掉80%的爆雷股票。

1. 商誉占比超过30%的不做。

简单来说，商誉占比是上市公司进行并购而产生的。一个上市公司如果自身的主营业务做得特别好的话，是不会进行很多并购的，例如贵州茅台、五粮液、伊利、格力电器、中国平安等优秀的上市公司，基本都是0商誉。反言之，越是主营业务做得不好、遇到瓶颈的企业，才越会选择并购的方式来寻求新的出路。这是因为凭借公司自身的主营业务已经难以维持正常运转了，所以只能通过并购新业务的方式来试图突破瓶颈，维持公司运转。

有数据显示，中国目前投资领域的成功率只有5%~10%。投资本身就是具有风险的，这些并购的公司，在自身主营业务都很难经营好的情况下，还要抽出时间和精力去学习经营新的业务，“隔行如隔山”这个道理大家都懂，这些商誉占比较高的企业背后承担的风险可想而知。

2. 股权质押超过30%的不做。

股权质押是指上市公司把股权质押给银行，从而去获得现金流。也就是说，通过质押股权的方式来获得一定的资金，用来维持公司的资金周转。大家试想一下，若公司经营得比较好，资金流比较充裕，这样的公司有必要去找银行融资吗？某些企业的股权质押甚至达到99%之多，堪称公司中的奇葩，这种公司风险怎能不大？

大家可以随便看几家主营业务经营得好的上市公司，有几个会做股权质押的？基本没有。反观那些爆雷的公司，哪一个不是股权质押90%~100%的？正是因为有很大的经营风险，上市公司才会选择提前把风险转嫁给银行和普通投资者。

所以商誉占比高和股权质押高的股票，都是风险较大的股票，在进行选股的时候都应该远离。建议大家在买股票前一定要查看一下这两个关键数据，数据可通过键盘F10按键查看。

● 案例说明

我们将选股条件灵活运用到实战案例中，通过对案例进行详细分析，让大家对短线跟踪主力的选股条件更加印象深刻，更好地掌握短线跟踪主力选股条件。

案例一：深康佳A

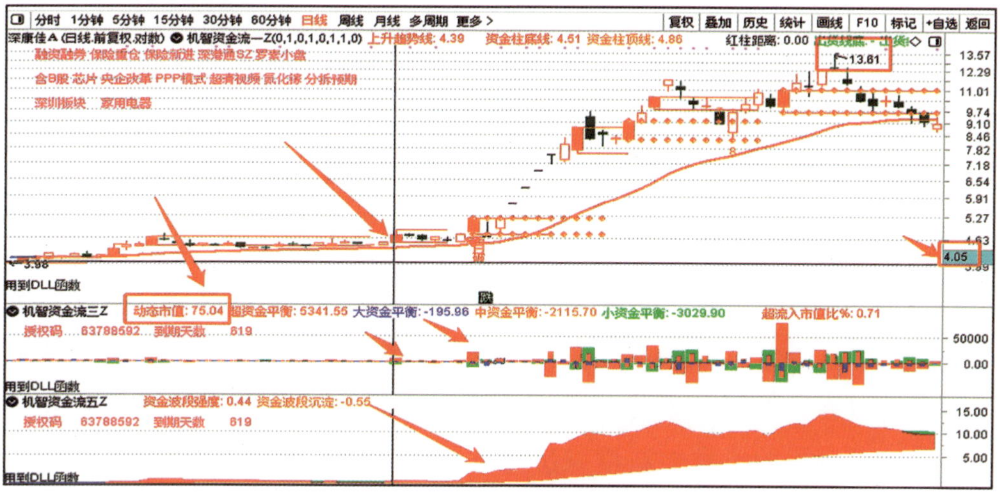

图2-7

图2-7是深康佳A的主力资金流图，深康佳A属于芯片行业的龙头，而芯片行业又是国家政策重点扶持的行业，个股属于主线行业无疑。

接下来是股价，从图中我们可以看到，个股在低位启动的时候，价格只有4元左右，且当时价格的相对位置处于低位平台。在这个位置对股票进行关注是十分有意义的，满足了短线跟踪主力选股条件中价格低位或平台的标准。

再来看一下启动位置的流通市值，不大不小的75亿元流通盘，也满足了短线跟踪主力选股条件中对流通市值的要求。

从图中的资金流三号可以看出，主力资金上红下绿，进钱不出，满足了短线跟踪主力选股条件中主力资金进钱不出的标准。

下面要研究的就是主力是否有场内持仓的问题，这需要借助资金流系统数据指标。特别说明，资金流五号统计的并不是主力某一天的资金流向，而是一个阶段的主力资金流向。所以当资金流五号为红色，就代表这只股票在这个阶段的累计主力资金是净流入的状态，也就是说，主力在该股中是有场内持仓的；反之若资金流五号为蓝色，则说明该股在这个阶段的累计主力资金为净流出状态，主力无场内持仓，即便有一天的主力资金净流入，但若资金流五号为蓝色，也不是主力资金持仓，只是主力当天有资金流入该股，但是并没有仓位。

了解了资金流五号的使用方法之后，我们再看一下深康佳A这只个股，资金流五号为红色，说明有主力资金场内持仓，满足了短线跟踪主力选股条件中主力持仓的标准。

总结来说，深康佳A这只个股既满足了主线行业、股价处于低位平台、流通市值较低，又满足了主力资金进钱不出且有主力资金场内持仓等各项短线跟踪主力选股条件，这样的个股哪有不涨的道理？所以股价从4元一路飙升到13元，很短的时间内涨幅达到了143%，这就是满足了短线跟踪主力选股条件的股票，最终的盈利效果显而易见。

案例二：亚盛集团

如图2-8所示，该股属于农林牧渔板块，这个板块属于主线行业中的防御性行业，满足了短线跟踪主力选股条件中主线行业的标准。

该股的最低价格只有2元多，而低位启动的时候价格也不足3元，满足了短线跟踪主力选股条件中股价处于低位的标准。

亚盛集团在启动位时，动态市值为62亿元，满足了短线跟踪主力选股条件中对流通市值的要求。

该股在股价刚刚上涨的时候，就发生了主力资金净流入的情况。主力资金大举流入二三亿元，随后开始进行洗盘，价格

图2-8

回调；但在价格回调的过程中，主力资金并未流出，满足了短线跟踪主力选股条件中主力进钱不出的条件。

资金流五号为红色，说明有主力场内持仓，满足了短线跟踪主力选股条件中主力持仓的条件。该股的主力洗盘时期，也给了散户一个很好的低吸机会，洗盘之后股价再度拉升，随后股价一路上涨20%~30%。

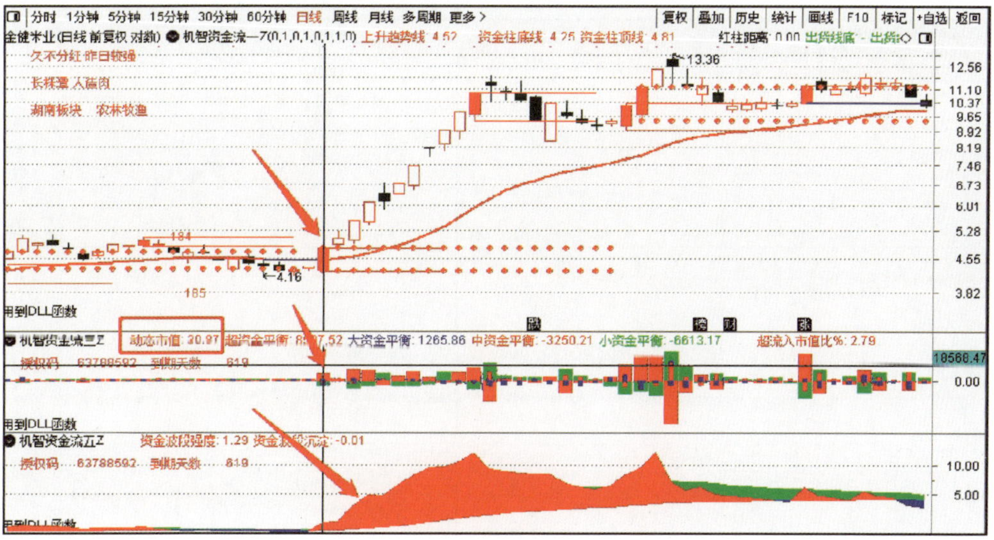

图2-9

案例三：金健米业

金健米业从4元多一路飙升到13元，只用了25个交易日，涨幅就达到了191%（图2–9）！

该股各方面都满足短线跟踪主力选股条件。首先所属板块为农林牧渔板块，属于主线行业；股价在低位启动的时候是4元左右，处于低位；该股在启动位时的流通市值为30亿元，盘面不大不小，没有任何问题；从图中资金流三号显示上红下绿，主力资金进钱不出，加上资金流五号由蓝色变为红色，说明有主力资金场内持仓。金健米业的各个方面都完全满足了短线跟踪主力的选股条件，主力都青睐的股票，利润自然不会差到哪里去。

案例四：秀强股份

最后一个案例秀强股份，属于建材行业，是国家政策扶持的大基建行业，满足了主线行业这一条件。股价在启动位的时候价格为4.26元，属于平台低位，且主力资金明显金进钱不出，加上资金流五号红色，说明主力资金有场内持仓。短线跟踪主力选股的条件也完全满足，股价才能够从4元一路飙升到13元，达到16天1.6倍的涨幅(图2–10)！

图2–10

通过以上的案例讲解，相信大家对短线跟踪主力选股条件已经印象深刻了，掌握了短线跟踪主力的选股条件，以后无论是在个股选择方面，还是在个股买卖方面，都将受益匪浅。按照本节内容进行短线跟踪主力，您将会有十分丰厚的收益。

第三节 主线行业分析方法

在之前的内容中，我们提到了“主线行业”这一词汇，本小节将做详细讲解，您将了解到真正的顺势而为是什么，学会分析国家政策扶持及行业前景良好的主线行业分析方法。

● 顺势而为

在股市中常听到有人说“炒股需要顺势而为”这句话，那么对这句话如何理解呢？

相信在看到这本书之前，很多人对顺势而为中的“势”这个字的理解，都是顺应大盘或者顺应趋势吧？其实不然，无论是顺应大盘，还是顺应趋势，都只是表面现象，真正的顺势而为，是顺应国家政策，而这个“势”，指的是“国家”。所以说，从大局观的角度出发，顺从国家的发展趋势，这才是“顺势而为”真正的本质。

回顾中国股市发展的这30年历程，不难发现，国家政策往往是主导股市的风向标，很多老股民应该对此深有体会。过去历次的牛熊市中，对应的国家政策所起到的作用是至关重要的，由此可见，无论任何时候，顺势而为肯定是不会有错的。

● 什么是主线行业

提起顺势而为，大家知道今年应该如何顺势而为吗？今年的国家政策都有什么呢？作为普通散户，应该如何把握住今年的机会呢?

说到当前的顺势而为，我们首先要了解的是目前的国家经济形势和战略规划。很多股民对下面这些词汇并不陌生：2050中国梦、科技兴国、智慧强国、国产替代、5G时代、新基建等。这些词实际上就是国家政策的关键词，这些国家政策所扶持的潜力型行业，就是主线行业。

中国目前经济正在走L型的触底，由原先的低端制造业、劳动密集型、资源出口型向高端制造业、技术密集型、资源进口型进行转变，这是中国经济正在进行转型的体现。在这个转型的过程中，高端制造、核心科技、人工智能、5G通信、芯片、消费升级等领域将会成为国家重点扶持的行业。为了扶持更多科技创新型企业的发展，中国在2019年9月推出了科创板，为科技创新型企业的融资及发展铺平了道路，所以说科技线是今年乃至近几年的投资主线，在不久的将来，科创板中也必然会诞生许多伟大的上市公司。

除了上述的科技线以外，还有两条主线也是今年可以重点关注的对象。一个是为了对冲疫情影响、拉动GDP而推出的新基建概念；另外一个就是在疫情因素影响下，对冲风险的大消费概念，大科技、大基建、大消费这三个主线会轮番表现，组成今年的投资主线和热门行业。

- **内需行业**

本来需求是内需和出口两方面，但由于受到疫情以及中美贸易争端等因素的影响，出口行业的表现可能会差强人意，故而今后会更多地通过自身的市场来发展。在上文中提出的三大主线行业的基础上，在这里给大家整理出了内需主线行业作为参考。这些内需行业分别是：大科技(5G、半导体、芯片、软件服务、数字货币)、新基建(5G基建、工程机械、建材、特高压、充电桩、数据中心、工业互联网、人工智能)、消费(食品饮料、酿酒、农林牧渔、种业)、医药(医疗保健、生物疫苗)。需要注意的是，2022~2023年的总体主线行业都不会改变，但上文中所提到的内需行业为每月更新一次。

通过以上讲解，相信大家已经对“顺势而为”有了更准确地理解了，也了解了有国家政策扶持且前景看好的行业是主线行业这一概念了。再结合本章节中的主力资金选股偏好及短线跟踪主力选股条件的内容并加以灵活运用，相信大家已经有能力在股市中选择出未来能够有不菲收益的个股了。

● 能力测试

一、单选题

1、主力偏好炒作以下哪个流通盘市值范围的个股（　）

A. 30亿元以下

B. 30亿~100亿元

C. 100亿~500亿元

D. 500亿元以上

2、主力偏好炒作以下哪个价格区间的个股（　）

A. 5元以下

B. 5~10元

C. 50~100元

D. 100元以上

3、什么是主线行业（　）

A. 国家政策扶持的潜力型行业

B. 股价处在低位的行业

C. 公募基金占比多的行业

D. 普通投资者喜欢的行业

4、具有以下哪种特征的个股，满足主力资金选股偏好之一（　）

A. 主力资金进钱不出

B. 有主力持仓

C. 既有主力资金进钱不出，又有主力持仓

D. 既无主力资金进钱不出，又无主力持仓

5、以下哪只个股需要规避风险（ ）

A. 商誉占比为5%

B. 商誉占比为50%

C. 股权质押为10%

D. 股权质押为5%

二、多选题

1、主力资金的选股偏好有哪些（ ）

A. 可控性

B. 价格优势

C. 易出货

D. 对手弱

2、影响主力对个股可控性的因素有哪些（ ）

A. 是否有其他主力资金

B. 流通盘市值大小

C. 个股业绩是否良好

D. 个股是否属于主线行业

3、短线跟踪主力的选股条件有哪些（ ）

A. 主线行业

B. 股价处在低位或平台

C. 流通盘市值

D. 主力资金进钱不出+主力持仓

E. 前期高点无套牢盘

4、如何排除风险股（ ）

A. 商誉占比超过30%的不做

B. 商誉占比低于30%的不做

C. 股权质押超过30%的不做

D. 股权质押低于30%的不做

5、下列选项中哪种情况属于“顺势而为”（　）

A. 顺应国家政策

B. 顺应大盘

C. 顺应趋势

D. 顺应心情

三、思考题

1. 主力资金的选股偏好有哪些？原因是什么？

2. 运用主力资金选股偏好，分析个股深康佳A上涨的原因。

参考答案

单选题

1. B　2. B　3. A　4. C　5. B

多选题

1. ABCD　2. AB　3. ABCDE　4. AC　5. ABC

思考题

略（参见本章有关知识点）

第三章　短线建仓

想要做好短线跟踪主力，不仅需要了解主力资金的建仓方式，还需要有一套适合自己的建仓方法，跟随主力的脚步。在实现跟踪主力盈利的同时，也要做好风控的准备。通过本章的学习，您将了解到主力的建仓方式，掌握“136建仓法”。

第一节　主力建仓的方式

主力的建仓方式分为打压式建仓、横盘吸筹和拉高建仓三种，如图3–1所示。这三种建仓方式各有特点，其中最适合散户参与的就是拉高建仓，其次是横盘吸筹，而主力打压式建仓的方式，不建议散户参与。下面分别做详细介绍。

● 打压式建仓

打压式建仓就是主力通过“挖坑”的方式，让股价远离套牢盘，从而为股价未来的上涨制造获利空间，打压的力度越大，低价位置距离前期套牢盘越远，股价未来上涨后的利润也就越大。

主力能够选择这种打压式建仓的原因就在于，当股价被打压下去之后，就算股价后期上涨，只要没有涨到套牢盘附近，

的。但是主力在股价低位的时候大举买入，到高位卖　出

出，就算高价的时候没有达到套牢盘位置，但相比低吸的时候，股价可能已经翻了一倍了，这就是主力通过打压股价的方式建仓，从而制造获利空间最终盈利。

对于大部分散户来说，这种左侧建仓的方式非常容易被套，因为运用这种方法进行建仓的随机性很大，大部分散户都比较喜欢一次性买卖，没有分批建仓和风险控制的意思，所以不建议在主力打压式建仓的情况下介入。

● 横盘吸筹

横盘吸筹是主力资金采取双夹板控价的方式，使股价在特定的范围内有规律进行波动的建仓方式。

主力利用自己的资金优势，能够将股价控制在相对区间内进行波动，使得股价高点不创新高、低点不创新低，形成一个上有压力、下有支撑的区间。主力资金会通过区间内高抛低吸的方式，赚取股票波动差价，降低自己的持股成本。主力通常在横盘吸筹建仓期间，仓位也会逐渐增持。

但是普通散户并不知道这个区间的压力位在哪里，支撑位又在哪里，监控十分有难度。所以横盘吸筹建仓法的操作难度系数较大，原则上也不太适合散户参与。但并不是说不能参与，只要能够掌握主力横盘吸筹的套利模式，就可以参与其中，做到与庄共舞了！而这个套利模型已被我成功破译，并囊括在我研发的套利模型“区间交易法”中。购买本书的读者，可关注公众号“机智财经”，留言即可免费领取主力横盘吸筹的套利模型“区间交易法”。

● 拉高建仓

最后一种主力常用且比较适合散户参与的建仓方式就是拉
被套的散户在没有解套之前，是不会轻易将自己手中的股票卖

高建仓。拉高建仓就是主力利用本身的资金优势来解放前期套牢盘，或者是接盘其他机构的筹码、为后期股价拉升奠定基础、去除后顾之忧的建仓方式。

这种建仓方法通常会出现在吸筹的尾声阶段。主力在此阶段，为了能够快速地收集筹码，会以相对高价来接手前期套牢盘中散户手中的筹码，或者接手其他主力手中的筹码，从而能够达到快速地进行相对控盘的目的，为后期的股价拉升做好充足的准备。

通常主力以这种方式进行建仓的话，基本说明距离股价后期的拉升已经很近了，很容易出现买了就涨的情况，所以比较适合普通散户参与。但参与的前提是，一定要能够分清主力建仓、主力洗盘、主力出货等的资金流特征，或者有十分过硬的专业技术知识，否则很难做出正确的判断。

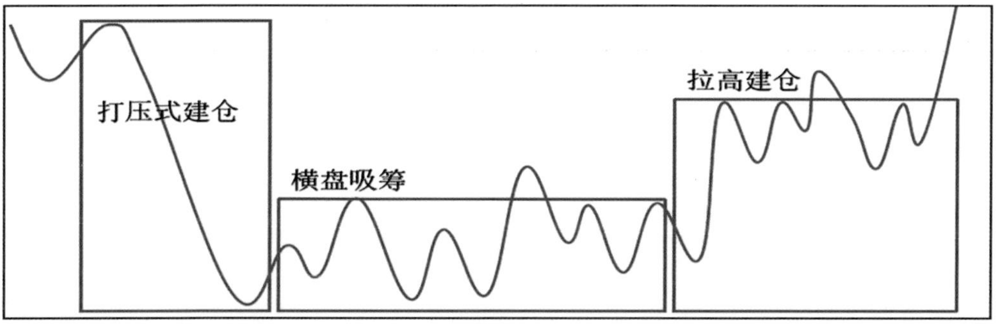

图3–1

上述的三个建仓方式中，最适合散户参与的主力建仓方式就是拉高建仓。散户股民朋友可结合前面章节的内容，运用资金流系统对主力建仓、洗盘、出货的特征进行识别，介入的时候，可选择主力拉高建仓之后的回调机会进行低吸，这是最适合散户介入的跟踪主力建仓方式。另外两个建仓方式，不建议散户盲目跟随或参与。

- **案例说明：宁德时代**

通过上文的讲解，我们了解到了主力的三种建仓方式，并了解了哪种才是最适合散户参与的建仓方式。下面我们将主力的这三种建仓方式放在个股中进行详细说明，在实战中加深印象。

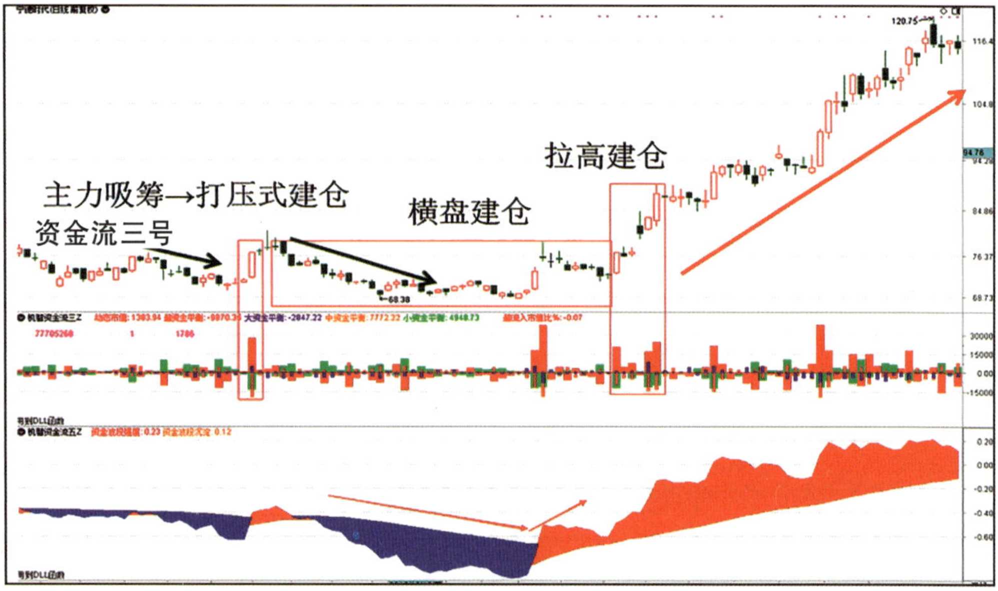

图3-2

如图3-2所示，这是宁德时代在2019年7月—2020年2月股价走势。我们运用资金流系统，并结合本节知识点对该只个股的建仓方式进行详细分析讲解。

从图中我们可以看到，宁德时代在建仓第一阶段的时候，主力采用了打压式建仓的方式。主力资金流入，但股价却出现下跌走势。这是主力在收集到部分筹码后，利用自己的资金优势，通过砸盘、打压股价等方式进行建仓。通过资金流三号我们也不难看出，资金流三号显示红柱朝上绿柱朝下，这说明主力资金净流入、散户资金净流出。大家想想看，主力资金在股价相对低位的时候大举流入，但流入后股价却不涨反跌，这正是主力拿到筹码之后砸盘的表现。主力这样做的目的，就是洗盘，通过这种方式向散户传递“这只股票不好，都别买了”“大家快把手中的这只个股都卖掉”这样的信息，意在将散户清洗出局，主力就可以自己低价吸筹了。

通常主力在打压式建仓完毕之后，大部分会接着进行下一步——横盘建仓，因为将股价打压下来之后，部分被套的散户看到股价下跌得如此厉害，就会由于恐惧心理而后悔之前没有将手中的股票卖出，所以当股价再次上涨的时候，就会很容易将手中的筹码拱手让人，主力就可以再次顺势将散户手中的筹码纳入囊中。主力会利用资金优势将股价控制在一定价格范围内横盘震荡，而在股价横盘震荡期间，主力会通过高抛低吸的方式来降低自己的持股成本。

不同于打压式建仓，在横盘建仓期间，主力资金的仓位是增持的。为什么会出现这种情况呢？因为在打压式建仓期间，主力采取砸盘的方式将股价下压，而若主力仓位多的话，下压股价也同样是要亏钱的，所以主力几乎不会在打压式建仓的时候上仓位。但横盘建仓则完全不同，主力在横盘建仓阶段不会出现亏损，所以仓位会有所增持，而一旦主力有大量场内持仓的时候，也就宣告股价拉升指日可待了。

宁德时代横盘建仓期也是如此，从图3-2中我们可以看到，宁德时代在横盘建仓期，资金流三号红柱朝上、绿柱朝下，主力资金大举买入，且资金流五号由蓝变红，说明主力资金的仓位在横盘建仓期有场内增持。这之后走势如何正如大家亲眼所见。

我们来看一下最后一个建仓方式——拉升建仓，在经历了打压式建仓和横盘建仓阶段之后，主力资金的仓位已经比较充足了，接下来主力会利用自己的资金优势、资源优势等各个方面的力量，让股价突破之后并向上拉升，在这个拉升股价的过程中，由于主力资金大举进钱不出，主力资金的仓位也会随之不断增加，从图中我们也不难看出，宁德时代在股价开始拉升之后，也出现了主力洗盘的情况，股价并不是几个一字板的暴涨模式，中途也有出现当日股价下跌、主力洗盘的情况。而主力洗盘的时机，也是散户在拉升期介入该股的最佳跟踪主力建仓时期。大家可以看到，就算是在最后的拉升建仓期介入个股，股价的上涨依然是很迅速的，不用等很长时间，大概率是买了就会涨的，故而比较适合散户参与。

通过以上讲解，相信大家对主力的三种建仓方式已经掌握了，也知道了哪种建仓方式比较适合参与、哪种方式不适合参与了。也有股民朋友觉得，左侧建仓的方式不易掌控，不参与能够接受，但是横盘建仓期间也不参与，只能参与拉升建仓不免遗憾。

针对这个问题要跟大家简单说明一下，其实横盘建仓期间不是不能参与，而是想参与的话，是需要一定的技术技巧的，为了能够让大家不错过横盘建仓到拉升建仓这段时间股价上涨的利润，在下一节的讲解中，会为大家介绍一种让普通散户也可参与横盘建仓的建仓方法——136建仓法，让大家能够有更多的低吸机会，有比别人多两次的自救机会！

第二节　136建仓法

了解了主力的三种建仓方式之后，接下来就应该知道作为A股市场中的普通散户，我们自身应该如何建仓，才能够实现跟踪主力盈利，自然是买在主力成本区的位置，才能够跟着主力吃肉喝汤。通过本小节的学习，您将了解到主力成本区的判定方法，并且掌握一套低风险的建仓法——136建仓法。运用136建仓法进行建仓，能够比别人多2次解套的机会，且一旦股价上涨，即可有不错的收益。

● 如何标记主力成本区

做短线炒股，与庄共舞才是盈利的关键，毕竟主力无论从资金方面还是资源方面都要远远优于普通散户。想要跟踪主力盈利，就要从建仓开始，紧跟主力的脚步，追寻主力的踪迹。

作为普通散户，在什么位置买入，才能算得上是跟踪主力建仓呢？

答案当然是买在主力的成本区内，只有买在主力的成本区，才是安全的，因为主力买入个股是想要赚钱的，断然没有在盈利之前就放任股价跌到自己成本区之下的道理，所以买在主力成本区是最好不过。那么作为普通散户，如何才能识别哪个价格区间才是主力的成本区呢？接下来就为大家做详细讲解。

想要了解主力成本区，需要学习大量的专业知识，而普通股民投资者时间和精力有限，最简单有效的方法就是观察主力资金流。如图3–3所示，通过资金流数据指标能够很直观地看到主力成本区的所在位置，以及主力成本区的区域。

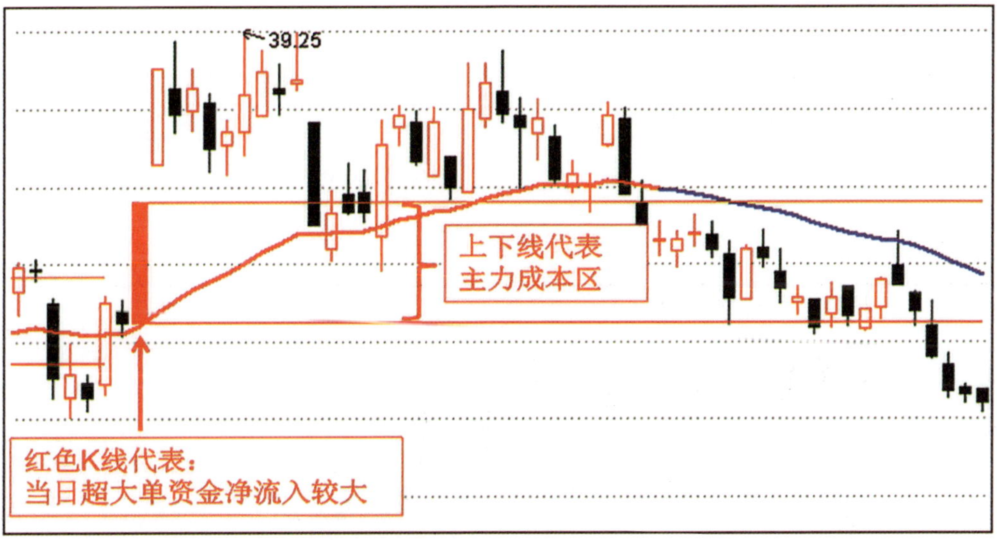

图3–3

如图3–3所示，资金流一号指标是由主线和红色K线两部分组成。红色主线代表上升趋势，蓝色主线代表下降趋势。

资金流一号指标中的红色K线是重点，当红色实体K线出现，就表示主力资金在当日有大量的资金净流入该股。红色K线的上线和下线之间的区域，代表的就是主力资金的成本区。

● 136建仓法

通过上述讲解，大家已经掌握了识别主力成本区的方法了。识别到主力的成本区后，我们应该如何买入呢？

想要跟踪主力盈利，成本区是关键，所以不能乱买，一定要买在主力的成本区范围内为最佳，也就是资金流一号红色K线的位置。大部分人无法在主力建仓当天(出现红色K线当天)就有机会买入，但是没有在红色K线出现的当天买入也没关系，主力建仓后，绝大部分都要有个洗盘的过程，而主力洗盘的时候，就是散户介入的最佳时机。所以我们可以等待股价从高点回落到主力成本区后再买入也不迟。

在买入的时候，也是有方法的，并不是说价格一旦达到了主力成本区后就全仓买入，而是要分批建仓买入，这就是接下来要讲的136建仓法了。我们先将买入的区域划分成三个区域，分别是红色K线的上线位置、红色K线的中线（二分之一)位置和红色K线的下线位置，最后设一条止损线，止损线的位置设定在低于红色K线下线1%的位置，如图3-4所示。

图3-4

设定好这四条线后，我们需要做的就是，分别在红色K线上线的位置买入总仓位的10%，在红色K线上中线的位置买入总仓位的30%，在红色K线下线的位置买入总仓位的60%。一旦股价出现跌破红色K线下线1%位置的情况，立即无条件止损出局！

通过这种建仓法买入的好处就在于，如果在第一次买入之后，股价没有上涨，还有第二次低吸补仓的机会，当第二次补仓后股价稍有反弹，就能够立即解套，账面也会由绿色变成红色。如果在第二次补仓之后还没有涨的话也没关系，因为还有第三次低吸补仓的机会。同理，如果补仓后股价稍有反弹，前面被套的仓位就会立即解套。在实战操作中，只有遇到连续直线下跌，并且一点反弹都没有的情况下，才会出现最后止损线止损的情况，而就算出现这种情况，最坏也就只有总仓位3.5%的亏损，但是无论股价在哪个买点之后走出上涨行情，盈利都可能是10%、20%，甚至是翻倍。

用最小的亏损博取最大的收益，这无疑是一套十分科学的仓位管理方法。通过这种方法建仓，不仅能够帮助股民朋友们提高投资胜率，还能够让股民朋友们比别人多出2次机会！这就是136建仓法的具体操作方法。

好奇的股民朋友们可能会问，到底是怎么算出来，最大亏损是总仓位3.5%的呢？下面给大家详细讲解一下。

首先，在红色K线上线的位置买入总仓位的10%，跌破绿色止损线最多跌11%，大概亏损总仓位的1.1%；其次，在红色K线上中线的位置买入总仓位的30%，跌破绿色止损线最多跌6%，大概亏损总仓位的1.8%；最后，在红色K线下线的位置买入总仓位的60%，跌破绿色止损线最多跌1%，大概亏损总仓位的0.6%。而这三次亏损加起来的总和，刚好是总仓位的3.5%，用公式来表示就是：$10\% \times 11\%+30\% \times 6\%+60\% \times 1\%=1.1\%+1.8\%+0.6\%=3.5\%$。

这个亏损在短线操作中来看，算是很小的亏损了，并且如此小的亏损是可以博取更大的收益的。所以大家一定要记住一件事，在股市中，就算是华尔街的交易大师们，也是无法做到百分之百避免亏损的，但是我们可以运用一套科学的方法，做到尽可能少亏大赚，这样才能够在股市中立于不败之地，从而实现长期稳定的盈利。

- **案例说明**

通过上述讲解，投资者已经能够判断出主力成本区并熟练掌握136建仓法了。下面我们就运用欧比特在2020年2月4日至2020年2月18日的资金流一号指标图进行案例讲解(图3–5)。

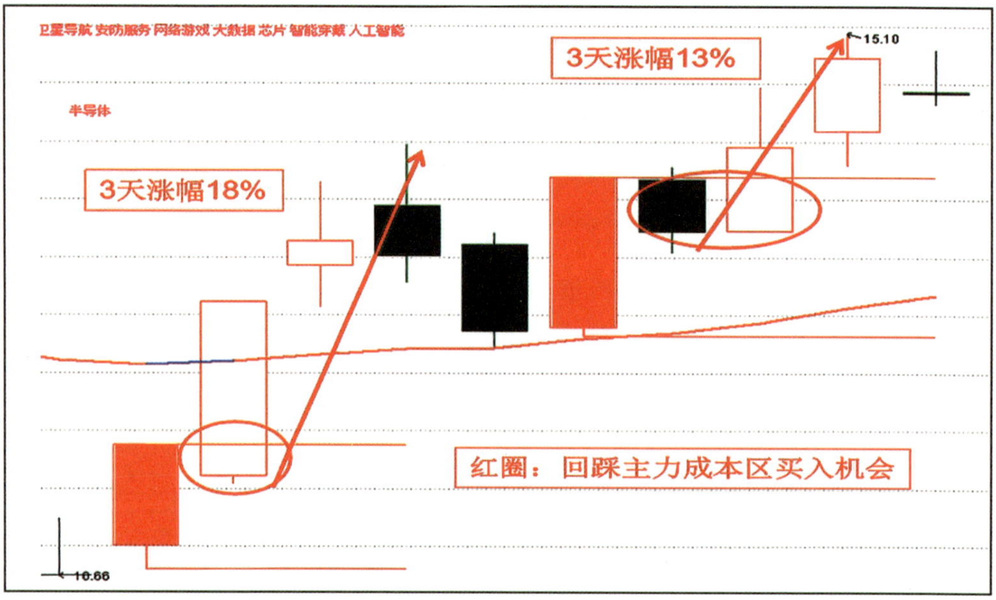

图3–5

首先我们可以很清楚地根据资金流一号找到主力的成本区，不难发现，在出现红色K线当天有大量主力资金流入，而我们需要做的，就是在第二天开始准备潜伏，寻找买入的机会。该只个股红色K线出现的第二天，先是最高价，然后跌到了大概半分位的位置，而这个位置，也正是买入的最佳时机。运用136建仓法的话，刚好买入总仓位的4成左右，建仓买入之后，股价快速拉升，3个交易日内涨幅最大18%！操作本次交易，不求利润能够达到最大涨幅，但是10%~15%的利润还是比较容易到手的，这只是第一波操作。

当第二个红色K线出现的时候，即主力资金再次大举买入，转天又给了散户一个很好的低吸机会，运用136建仓法进行建仓的话，又可以买入40%的仓位，买入后股价又开始快速拉升，最大涨幅达到12%，这一波操作中，获利七八个百分点也是很容易的事情。

如果能够运用好136建仓法的话，这两次的操作至少能够获得15%到20%的利润。这种建仓法的优点就是简单有效，能够跟踪到主力的踪迹进行建仓操作。使用这套方法也不是没有任何缺点的，缺点就是无法保证每次都是翻倍的上涨走势。换句话说，这种方法更适合做短线操作，只能获取短线的收益。但如果能够将这套方法灵活运用，每次都能够在主力资金介入后把握住低吸机会进行操作，将波段滚动起来，收益也是十分可观的。

● 建仓常见问题及应对策略

一些股民朋友可能会有这样的疑问：如果股价没有回调到下线位置或者中线位置就涨起来了，没有满仓买入怎么办？

大家有没有仔细想过，如果没有回踩到中线位置或者下线位置就涨起来的话，岂不是更好？毕竟只要股价涨起来了，就意味着有收益了，有收益自然是大家都喜闻乐见的事情，能赚钱的策略就是好的策略。在股市中若想赚钱，就要尽量避免贪婪的心理。

本人一直坚持一个道理，就是：“不求满仓涨停，但求出手就赢。”

股市中每天都有很多主力资金在低位介入的股票，虽然我们不能将所有的股票都找到并介入，但只要找到5至10只，并将手中的资金合理分配在每一只个股上，分别用136建仓法进行分批建仓操作，有盈利的股票就获利止盈，若有跌在中线位置或者下线位置的股票，就可以用获利的资金将仓位补上。这样的话，不仅不影响操作，还能够将资金的利用率大大提高，整体的收益自然也不会差，不会因为一两只股票没有买到最大的一波60%的仓位而影响到整体收益。

很多时候，收益差是因为既不懂技术技巧和专业知识，又不会分仓操作、风险控制，而通过136建仓法，在进行个股交易的时候，多找一些符合标准的个股进行操作，即可降低风险，增加收益！

通过本章的学习，相信大家对短线炒股的建仓环节已经有了自己的理解了，掌握主力的建仓方式，并运用符合自己的建仓法进行灵活操作了，能够有效地应对市场，实现跟踪主力盈利！

● 能力测试

一、单选题

1、以下哪种建仓方式最适合散户参与（ ）

A. 打压式建仓

B. 横盘吸筹建仓

C. 拉高建仓

D. 低吸建仓

2、跟踪主力建仓应该在什么位置买入？（ ）

A. 前期套牢盘位置

B. 主力成本区

C. 股价最低位

D. 股价高位

3、如何简单方便有效的标记出主力成本区（ ）

A. 学习专业知识

B. 研究个股业绩

C. 高价购买机构内部消息

D. 使用资金流一号

4、进行跟踪主力建仓时，以下哪种建仓方法最适合（　）

A. 一次性全仓买入

B. 一次性半仓买入

C. 136建仓法

D. 一次性买入仓位的10%

二、多选题

1、主力建仓的方式有哪些（　）

A. 打压式建仓

B. 横盘吸筹建仓

C. 拉高建仓

D. 低吸建仓

2、关于打压式建仓，以下哪种说法是正确的？（　）

A. 打压式建仓就是主力通过“挖坑”的方式，让股价远离套牢盘，为股价未来的上涨制造获利空间。

B. 打压式建仓时，打压的力度越大，股价未来上涨的获利空间就越大。

C. 打压式建仓时，低价位置距离前期套牢盘越远，股价未来上涨的获利空间就越大。

D. 打压式建仓属于右侧建仓。

3、以下关于横盘吸筹建仓的说法，正确的是（　）

A. 横盘吸筹是主力资金采取双夹板控价的方式，使股价在特定的范围内有规律地进行波动的建仓方式。

B. 横盘吸筹建仓时，主力利用自身的资金优势，能够将股价在相对区间内进行波动，使得股价高点不创新高、低点不创新低，形成上有压力、下有支撑的区间。

C. 横盘吸筹建仓时，主力会通过区间内高抛低吸的方式，赚取股票波动差价，降低持股成本。

D. 在横盘吸筹建仓期间，主力的仓位会逐渐增加

4、以下关于拉高建仓的说法正确的是（　）

A. 拉高建仓是主力利用本身的资金优势，来解放前期套牢盘，为后期股价拉升奠定基础、去除后顾之忧的建仓方式。

B. 拉高建仓的方法通常会出现在吸筹的尾声阶段。

C. 通常主力采取拉高建仓的方式进行建仓时，说明距离股价拉升已经很近了。

D. 无法通过资金流判断出主力是否为拉高建仓。

三、思考题

1. 什么是打压式建仓？
2. 什么是横盘吸筹建仓？
3. 什么是拉高建仓？
4. 什么是136建仓法，如何使用136建仓法？
5. 建仓时的常见问题及应对策略？

参考答案

单选题

1. C　2. B　3. D　4. C

多选题

1. ABC　2. ABC　3. ABCD　4. ABC

思考题

略（参见本章有关知识点）

第四章　如何识别主力洗盘方式

通过上一章的讲解，投资者已经掌握如何跟踪主力建仓的方法。除了掌握如何建仓，我们还需要判断主力洗盘的方式。如果无法判断主力是洗盘还是出货，那么好不容易建了仓、买在了成本区，一旦在主力洗盘的时候被清理出局，就太委屈了。所以识别主力的洗盘方式至关重要，是能否盈利的关键。

第一节　支撑位与压力位测算

本小节将带你了解支撑位与压力位的几个维度、支撑位与压力位的有效性比较、支撑位与压力位的测算等，并将上述知识点融入案例讲解中，让大家能够更加印象深刻。通过本小节的学习，您将了解到如何通过主力与散户的筹码，准确判定股价的支撑位与压力位，并准确测算出支撑位与压力位，从而避免在主力洗盘的时候被清洗出局。

● 压力的几个维度

不知道大家有没有考虑过这样一个问题：支撑位与压力位到底有几个维度？

很多投资者在炒股的时候，对压力位与支撑位也有一定的了解，然而大部分人对于这两个词的理解，相信一定是传统意义上的。真正的压力位和支撑位，不仅仅是传统意义上的压力和支撑，而是有几个维度的。

我们就拿压力位来做说明：

第一个维度就是心理上的压力位，例如历史上的6124点这个位置，对于很多老股民来说都是十分沉重的；再比如3000点这个位置的压力也是很大的，因为这个点位在很多股民心中是个整数位关口，觉得能否突破是至关重要的。但是，大家也都知道，这些点位能否突破的本质应该是市场中是否有资金推动，所以这些其实都是心理上的压力位。

第二个维度就是政策上的压力位，例如在历史上大盘5000多点的时候，国家出台的去杠杆政策就去除了一部分杠杆。之后的股市再次涨到5000点位置的时候，如果去杠杆的政策没有改变的话，那么在5000点的这个位置上，就会形成一个政策上的压力位。所以很多做多的人在这个点位，就会看有没有政策上可能出现降温的情况。这个点位形成的压力位，就是政策上的压力位。

第三个维度就是传统上的压力位，也就是技术形态、支撑、阻力、压力线等。这个压力位是大家平时比较熟知也较为常用的，这也是大部分人所理解的压力位。

第四个维度就是筹码上的压力位，这个压力位来自于前期套牢盘，套牢盘的压力位是比较客观的，也是主力进行洗盘的时候参考的关键点位之一！

● 压力有效性比较

当我们了解了几个压力位的维度后，大家心里是否有这样的疑问：在实盘操作的过程中，这些不同维度压力位的有效性顺序是否相同呢？如果不同的话，具体的顺序是怎样的呢？

这些压力位的确是有着不同的有效性顺序。首先，政策性压力是最有效的，只要是国家出台了政策，都会影响到大盘的涨跌。换句话说，政策一出，在某个点位大盘是涨是跌就立刻水落石出了。所以说炒股一定要有大局观，一定要随时关注国家政策、时事热点，因为只有跟着国家的路线方针，沿着国家的发展方向，才能够实现盈利。

其次有效的就是筹码的压力。拥有筹码的人，是这个市场中的参与者，股价向来是买的人多了卖的人少了就会涨，反之卖的人多了买的人少了自然就会跌，筹码的压力位来自于前期套牢盘。当前方有套牢盘的时候，只要主力将价格拉升到套牢盘附近，前期被套的散户必然会将筹码抛出，达到“解套”的目的。如果主力资金不够充足，无法解放前方套牢盘，就很难将股价拉升到一个新的高度。这个来自于筹码的压力位，是客观存在的天然压力位，也是在市场中除政策外最有效的压力位。

第三个要说的就是传统的压力位，这个压力位主要来自于一些技术形态、阻力及压力线等，虽然具有参考价值，但是与前面两者相比较，重要性就显得逊色许多了。

随后就是心理上的压力位了。这个心理上的压力位，说白了是人性恐惧的弱点所带来的。这个压力位本质上的意义并不大，也不是说完全没有意义，如果大部分股民心理上都有这个压力位的话，在这个位置上，就会出现由于担心、恐惧，造成本应该买入个股的时候却不去买入的情况，所以也有一定的影响的。这个影响跟前面那些有实际意义的压力位相比，就显得微乎其微了。

在上述的这些压力位当中，政策上的压力位是我们无法把握住的。作为普通百姓，我们无法预测国家什么时候会出台政策，又会出台哪些利好政策。政策上的压力位，在出台前是我们无法预知也无迹可寻。而传统的压力位和心理上的压力位，影响力并不是很直观，所以在实盘操作中，我们要做的，就是要找到筹码的压力位。筹码的压力位是除政策压力之外最有效的。

需要注意的是，我所说的筹码并不是传统意义上的筹码。传统筹码的压力和支撑，是十年甚至二十年前的统计筹码和成交量的方法。市场更新迭代，落后的技术已经不适合现在的市场了，运用传统的方法统计的是成交的总和，并没有成交明细，无法准确地推算出哪个是主力行为，哪个是散户行为。想要追寻到筹码的准确压力位和支撑位，必须区分主力筹码和散户筹码分别呈现出的压力和支撑，才能够做出精准的分析。

● 支撑位与压力位的测算

接下来就是大家最关注的也是本小节最重要的点——支撑位与压力位的测算。

支撑位，就是主力资金的成本区。因为主力资金买入个股，肯定是要赚钱的，主力会充分利用资金及资源优势，让股价无论如何不要跌破自己的成本区，只有这样，才能保证自己不亏损，所以主力成本区的位置，就会形成一个强有力的支撑位。

压力位就是主力出货给散户后，由于股价下跌造成散户被套的套牢区。在主力拉升股价期间，一旦股价达到套牢盘位置，被套的散户就会迫不及待地将手中的筹码抛出进行解套，所以这个位置就形成了股价拉升的天然压力位。

在支撑位和压力位之间的这个区域，就是股价的上升空间。

● 案例说明：索菲亚

通过上述讲解，大家已经掌握了压力位和支撑位的基本概念。我们结合索菲亚(002574)在2019年12月5日至2020年3月12日的走势，详细说明支撑位与压力位的测算及具体操作方法。

如图4-1所示，从图中我们可以看出，当股价在底部区域的时候，资金流三号呈现上红下绿、主力建仓的形态，也就是图中红色框线标注的位置，说明股价低位期间，主力资金连续六个交易日大举进钱不出，而主力资金流入最多，也就是红柱最长的这天，所对应的股价位置，就是主力的成本区，主力在成本区的位置低价买入大量筹码，而这些主力筹码所在的区域，对于股价后期的下跌也起到了强有力的支撑，股价的这个位置，就是支撑位。

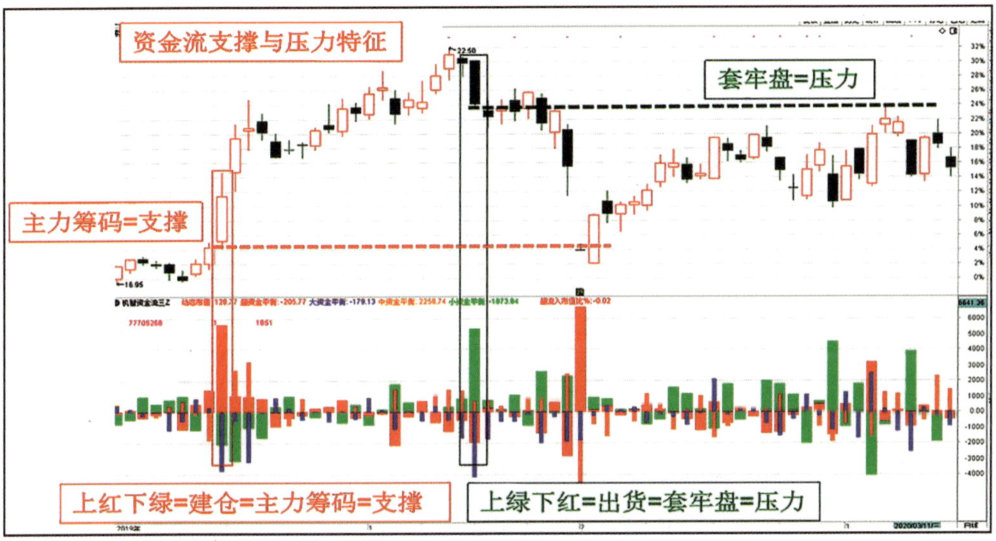

图4–1

反言之，当资金流三号呈现上绿下红、主力出货的形态，也就是图中绿色框线标注的位置，说明主力将筹码出售给散户后，股价开始大跌。散户被套，主力出货的这个位置就是套牢盘所在的位置。套牢盘的区域对于股价后期的上涨就会起到压力的作用。

从图中我们也能够看出，在后期依然会有主力资金大举流入的情况发生，但是无论股价如何拉升，总是在达到前方套牢盘的位置之后，就开始出现回调，很难突破前方套牢盘区域的压力位；股价回调之后，也一直徘徊在支撑位上方的位置，就算股价下跌，也基本没有跌破主力成本区这个支撑位。

运用资金流系统即可快速找到股价的支撑位与压力位。换句话说，主力的成本区在哪里，支撑位就在哪里；主力的出货位在哪里，压力位就在哪里。支撑位与压力位之间的空间，就是个股的获利空间。

通过本小节的讲解，投资者不仅对压力位的几个维度有了新的认识、明白了压力位这几个维度的有效性比较，也掌握了支撑位与压力位的概念，通过案例讲解，学会支撑位与压力位的测算方法了。

第二节 “仙人指路”

在了解到了如何通过主力与散户的筹码来精准地分析压力位与支撑位之后，我们介绍一个完整的技术套路——“仙人指路”及其技术特征，学会分辨真假“仙人指路”的特征。

● “仙人指路”的技术特征及作用

学过技术分析的投资者，对“仙人指路”这个技术形态应该并不陌生，它代表了主力洗盘或者试盘的一个行为，是一个后期行情看涨的信号，“仙人指路”的逻辑就是：K线的上影线指到哪里，未来股价就涨到哪里。

然而很多投资者在实盘操作的时候就会发现，事实并非如此简单。用过“仙人指路”的朋友们肯定知道，“仙人指路”的技术形态并没有看上去那么简单，也不是所有的“仙人指路”形态都是真的“仙人指路”。在实盘操作中，只有能够判断出真的“仙人指路”的朋友才能真正赚到钱，否则只会适得其反。

传统意义上的“仙人指路”的定义是：股价处在大调整阶段的中期底部、拉升阶段初期或者拉升波段中期，当天股价盘中高开高走放量攻击，但股价冲高之后，主力却在盘中实施回头波打压震荡盘跌。全天量比1倍以上，换手率在5%以内，振幅在7%以上。股价在盘中反复盘跌后，最终以一根带长上影小阴阳K线报收。收盘时，股价当天仍然保持在1%-3%左右的涨跌幅。当这种K线结构出现在拉升阶段初期、上升波段中期或者大调整阶段的中期底部时，就是典型的“仙人指路”特征。

传统意义上“仙人指路”出现的几个时期及特点分别为：阶段性的中期底部，是主力展开向上攻击性试盘的动作，意在测试盘面筹码的稳定度，同时发出进一步加大建仓力度的操盘信号指令。如果当天反复盘跌的即时图形中，出现典型的冲击波型结构，则是主力打压建仓的重要特征；拉升阶段的初期，是主力展开向上攻击的试盘动作，主要目的是测试盘面筹码的稳定度和上档阻力，同时暗中发出进一步攻击指令。股价在经过短期调整后，再度展开总攻的时间已经十分逼近了。因此，在当天反复盘跌的过程中，主力通过打压洗盘，为即将到来的正式拉升做好充分的蓄势准备；拉升波段的中期，则是主力在盘中展开强势洗盘的操盘动作。股价当天攻击接近涨停时，随即主力利用大单在卖一至卖五档位置阻止股价上涨，并展开回头波方式打压股价。全天反复震荡盘跌，最终以带长上影小阴阳K线报收。股价收盘时仍然保持在1%–3%左右的涨跌幅。这种K线结构是主力拉高洗盘的重要操盘手法，属于极强势的操盘特征。洗盘完成后，通常还会出现更大更猛烈的涨幅。

看了上述的定义、出现时期及特点之后，是不是觉得挺有道理的，但是看着虽然容易，感觉像是理解并掌握了，但在实盘操作中的效果，似乎并不是很尽人意。

而我们所讲解的“仙人指路”的技术形态及特征，是研究主力行为的，追求的是简单、直观、有效的方法，不像传统意义上的“仙人指路”在股价的几个阶段做出“上升初期叫试盘，上升中期叫洗盘，上升末期叫出货”的区分。说句老实话，如果A股市场中的股民们都知道什么是上升初期、上升中期、上升末期，还用这样费尽心思地寻找简单易懂的方法吗？这种传统的分析方法概念模糊，听起来挺有道理，但是实战的结果却是因人而异。这种方法不适合大部分投资者。

那么如何识别真假“仙人指路”呢？

从技术特征和作用上看：股价冲高回落形成长上影，主要代表的是主力洗盘或试盘的信号，代表股价后期将要回补这段上影线，故名为“仙人指路”。但上述的这些只是其表面结果，如果不能深挖主力资金的动向、了解主力真实意图，“仙人指路”的形态对实际操作的参考意义并不大。

并不是所有的“仙人指路”形态都是真的“仙人指路”，准确判断出主力资金的行为和主力资金的真实意图才是最重要的。有不少以假乱真的情况，只有通过主力资金是否持仓、主力资金是否流入等来判断真假“仙人指路”才最为准确。

● **真“仙人指路”特征**

真正的“仙人指路”，一定是在主力持仓的情况下，且伴随主力资金净流入的形态，当这两个状态同时出现的时候，股价冲高回落，这才是真正的“仙人指路”。这种情况下出现“仙人指路”的主要目的，是在主力资金持仓的情况下，主力为了将散户清洗出局而作出的洗盘或试盘的动作。这种情况下的洗盘或是试盘之后，股价后期会出现继续上涨的走势，这才是真正的“仙人指路”。

真正的“仙人指路”，一定是主力持仓和主力资金只进不出两者同时存在时的冲高回落，这两个条件至关重要。

● **假“仙人指路”特征**

假的“仙人指路”特征有两种，一种是主力空仓的情况，另外一种是主力持仓的情况。无论是哪一种情况，股价后期都不会出现大幅上涨，且大部分后期股价都会出现下跌行情。

假“仙人指路”的第一种是在主力空仓的情况下，由于散户资金的大举净流入而推动起来的冲高回落。这种情况下，在高位介入个股的散户就都被套住了。此种所谓的“仙人指路”只是个诱多信号，并不是介入的时机。相反地，后面股价会陷入“跌跌不休”的尴尬窘境。出现这种“跌跌不休”状态的主要原因就是主力根本就没有持仓，而是散户因为一些利好消息或是盘面上的因素，大举买入导致的冲高回落。这种情况下产生的假“仙人指路”形态，反而会越买越被套。

假“仙人指路”的第二种就是在主力本身有场内持仓的情况下，由于散户资金的大举净流入而造成的冲高回落。这种冲高回落实际上是主力在邀请散户进场，是主力为了出货而向散户发出的“股价要涨”的信号，实际上却是主力在出货。这种情况下的“仙人指路”也是做头的信号。

在实盘操作中，很多投资者只是看到了股价冲高回落这种结果，就将其定义为“仙人指路”，并不知道股价冲高回落的“仙人指路”在本质上有三种完全不同的情况，而只有准确地分辨出这三种不同的情况，才能够真正地用好“仙人指路”这一技术形态，从而在实盘操作中获得利润，若是不了解其本质，很容易造成不必要的损失。

● 案例说明

案例一：金健米业

图4-2为金健米业2020年3月24至4月8日期间股价的走势。从图中我们可以看到，在红色框线标注的位置当天股价冲高回落，出现了一个仙人指路的K线组合，股价当天留了一个小小的上影线。根据资金流三号系统显示，当天指标红柱朝上绿柱朝下，说明当日有主力资金净流入，且资金流五号为红色，说明有主力场内持仓，该只个股在股价冲高回落当天，既有主力持仓又有主力资金净流入，这种股价冲高回落的形态为真正的“仙人指路”形态，主力是通过这种冲高回落的方式在洗盘，意图将散户清洗出局。

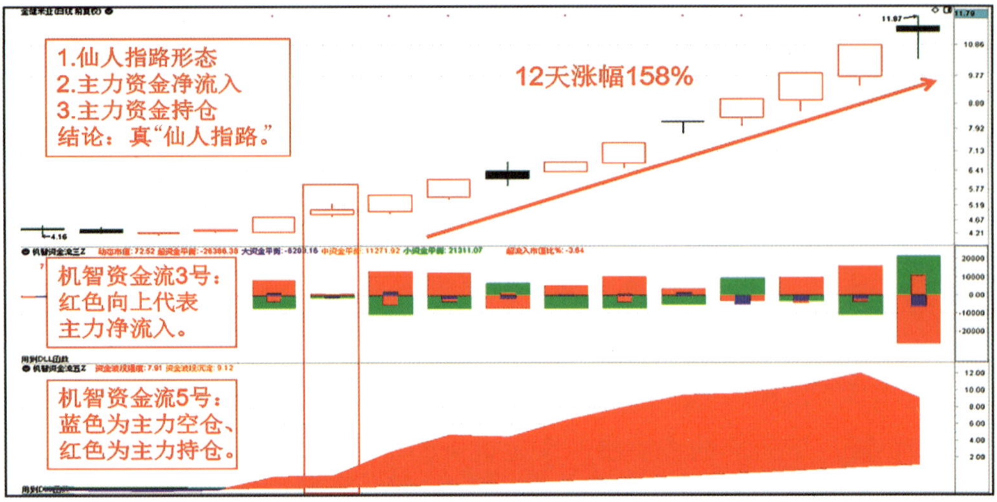

图4-2

从图中我们可以看到，在随后的12个交易日当中，该股价格一路飙升，涨幅达到158%，能够识别真正的"仙人指路"的股民朋友们，在本次操作中定将有不菲的收益。

案例二：太极实业

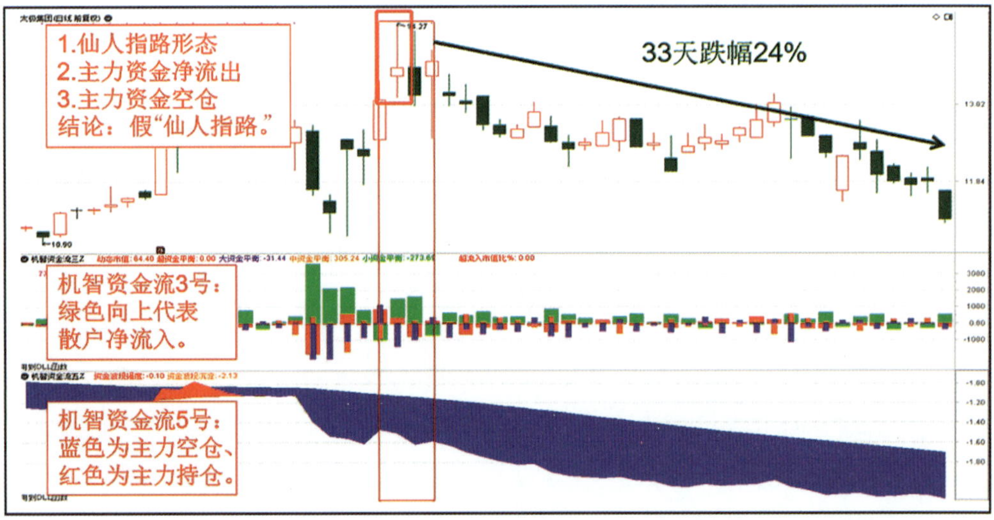

图4-3

图4-3为太极实业在2020年2月7日至3月13日期间股价的走

势，这是个反面例子。从图中红色框线标注的位置我们可以看出，该股从K线走势来看，股价高开高走且冲高回落，当天是上涨行情，且上影线大于实体三倍以上，这些可能更符合传统定义上“仙人指路”的标准。

然而该股实际上在股价冲高回落当天，从K线上是看不出来后面走势的。想要分辨真假“仙人指路”，就要借助资金流系统了。从图中我们能够看出，资金流三号绿柱向上红柱向下，这代表散户资金净流入，主力资金净流出，而资金流五号是蓝色，这说明主力资金其实是空仓的。这两个数据结合即可得出结论：这是假的“仙人指路”，因为既没有主力场内持仓，又没有主力资金净流入。

在这种形态出现之后，股价后期也是下跌走势，33天跌幅24%之多，股价如此下跌，就是因为本身没有主力资金场内持仓，冲高回落完全是散户资金顶出来的，所以后面股价才会不涨反跌。

第三节　主力洗盘结束特征

主力洗盘的时候，也是散户介入的最佳时机。如何判断主力是否洗盘结束，对散户能否低吸介入某只个股至关重要，通过本节课的学习，您将了解到主力洗盘目的、学会分辨主力洗盘结束的特征，从而能够更好地进行个股操作。

● 主力洗盘的目的

当大家被问到“主力洗盘的目的是什么”的时候，想必大家都能够脱口而出，可能有人会说是清洗浮筹。也有人说是收集筹码，还有人说是提高散户的持股成本等等。的确，这些都是主力洗盘的主要目的，就是清洗浮筹、收割套牢盘。主力会利用自己的各方面优势，将散户的筹码低吸到自己手中，筹码收集到一定程度后，即可实现高度控盘，提高主力自身的控盘能力，从而为股价的后期拉升做好充足的准备。

但如果被问起“通过什么方法来识别主力洗盘行为”的时候，不同的人就有不同的方法了，有些人是通过K线组合看，有些人是通过技术形态看，有些人是通过周期预测，还有些比较离谱的是通过基本面分析。这些方法看似都比较实用，但说起实盘效果，想必很多人都会觉得不是很理想吧？

上述的识别主力洗盘行为的方法，都是表面文章。想要研究主力洗盘的本质问题，就一定要从主力资金的行为开始研究，无论是主力建仓，还是主力洗盘，想要研究主力行为和主力意图，一定要从核心问题出发，而这个核心问题，就是资金！

如何从资金角度有效地分辨主力洗盘特征的技巧？

● 主力洗盘结束的信号及特征

主力洗盘的目的，就是将散户清洗出局，将大量筹码掌握在自己手中，从而实现控盘，便于后期拉升股价。一旦主力洗盘结束，后期的股价即将进入拉升阶段，会进入上涨行情。所以，能否判断主力是否洗盘结束对散户来说十分重要，关系到个股操作后期能否盈利。

判断主力洗盘结束的信号有两种：第一种就是浮筹清洗完毕，也就是说，主力将散户手中的大量筹码都收集完毕。但是主力何时才能够将筹码收集完毕，作为普通散户的我们是无从知晓的，筹码收集到了什么程度只有主力自己心里才清楚，我们很难通过这种方式分辨主力是否洗盘结束。

判断主力洗盘结束信号的第二种方法就是前方套牢盘消失，或者说是前方套牢盘被主力接盘。一旦这种情况出现，就说明主力洗盘已经结束。而判断前方套牢盘是否消失的方法，就是用资金流三号数据指标，具体方法前文中已经详细讲解过，这里不再赘述。

需要注意的是，短时间的洗盘，只能收割到少量的套牢盘和浮筹，主力如果想要拉升股价，就需要在股价拉升前将套牢盘解放，这样才能够扫清前方的阻力，解除掉上升途中的不确定因素。这是因为中国股民通常在被套的时候，不会立即止损出局，而是采取一种“哪里被套就在哪里趴下”的“战略”，大部分股民一旦被套，会选择等待股价再次回升到套牢盘位置再进行解套，而不是及时止损出局，这就造成了短时间的洗盘和折腾并不会有很多割肉的筹码出来的局面，所以说短期的洗盘只能收割、清洗一部分的浮筹。主力若想真正拉升股价，前期就一定要把市场中所有的套牢盘全部解决掉，能在洗盘的时候将散户清洗出局最好；如果不能洗掉散户，就直接将散户手中的筹码收入自己手中。这样的话，在后期股价上涨的过程中，才不会有散户来“干扰”。

● 案例说明

下面我们运用上述判断主力资金是否洗盘结束的方法，以漫步者和森源电气两只个股为例，分别做详细讲解。

案例一：漫步者

图4-4为漫步者在2019年11月12日至2019年12月9日期间股价走势的资金流图。从图中绿色框线标注的位置我们可以看到，资金流三号指标出现“上红下绿、主力出货”的走势，这说明主力资金在不断流出，散户资金在不断买入，主力将筹码出售给散户，之后散户在高位被套，而这些散户被套的筹码价格区间就形成了套牢盘。

套牢盘是天生的压力位，是自然的压力位，因为股民在被套，当股价再次涨到套牢盘附近时，股民的第一反应就是将股票卖掉，从而达到解套的目的。所以在这里会形成一个抛压，对于市场后期的股价拉升就会造成压力。从图中我们也不难看出，主力将筹码出给散户后，连续三个交易日股价虽然每天都呈现出小阳线，但是主力资金却一直流出，反而是散户资金在流入，所以股价一直没有突破前方套牢盘的位置，随后股价连续四个交易日持续下跌了18%，就是因为主力已经将筹码出货给散户了。

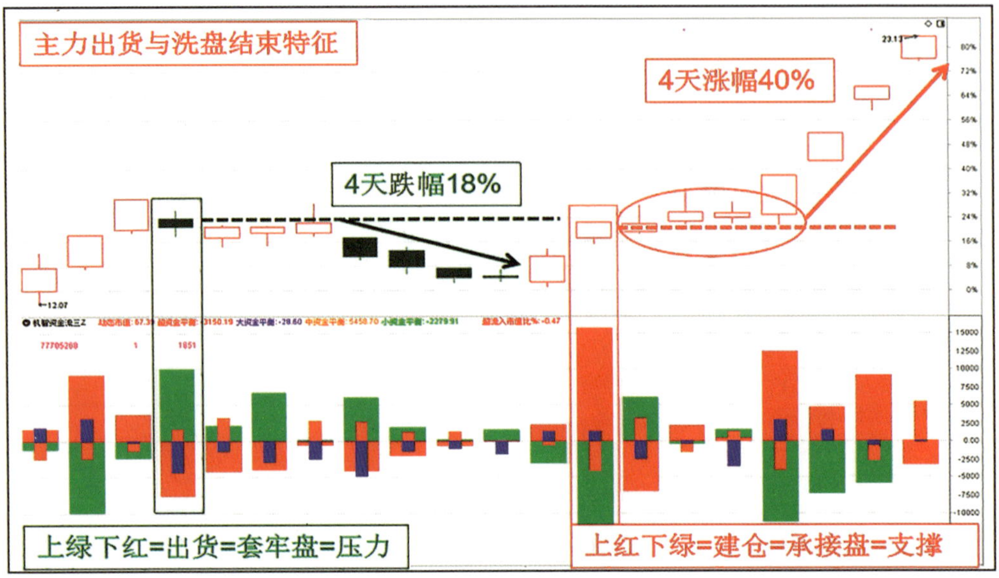

图4–4

解放前方套牢盘是主力洗盘结束的信号，反映在漫步者这只个股中，就是主力必须将前面出给散户的筹码解决掉。要么让散户心甘情愿在低位割肉给主力，要么就是主力将股价拉升到前面散户被套的位置后，将散户的筹码接到自己手中。主力通过以上两种方式将散户筹码集中到自己手里，才能保证股价后期上涨的畅通无阻，扫除不确定因素，使股价的拉升更为稳健。

看图中红色框线标注的位置，资金流三号指标出现“上红下绿、主力资金进钱不出”的形态，主力当日大举买入该股，将股价再次拉升到前方套牢盘的位置。当日流入资金达1.5亿元，占流通市值的3.48%，资金流入量远超于前方套牢盘资金量。由此可以推断出，主力在当天大发慈悲，将前方散户手中的套牢盘全部解套了。主力解放散户的目的，无非是为了在后期拉开股价的时候没有压力和阻力。股价连续调整了3天后，主力资金再次大举净流入拉升股价，最终4个交易日股价涨幅高达40%。

想要判断主力洗盘是否结束，就要判断前方套牢盘是否消失。若前方套牢盘消失，则说明主力洗盘结束；若套牢盘没有消失，则说明主力洗盘没有结束，或者主力的行为意图并非洗盘。这就是判断主力资金洗盘是否结束的技巧。

当资金流三号出现“上红下绿、主力出货”的形态时，通常都会伴随着套牢盘的出现。一旦出现套牢盘，作为普通散户需要做的就是盯着这个套牢盘，看什么时候套牢盘能够被主力解套。套牢盘被解套的时候，也就是主力洗盘结束的象征。

这里需要注意的是，在使用资金流三号指标的时候，出现“上红下绿”的形态，说明是主力在出货，而主力出货时股价所在的位置就是套牢盘所在的位置，这个位置代表压力；当资金流三号出现“上红下绿、主力建仓”的形态时，说明主力在吸筹建仓，而主力建仓是承接盘，承接盘对股价后期是具有支撑作用的。当承接盘大于套牢盘的时候，就说明主力洗盘结束。

案例二：森源电气

图4–5为森源电气在2020年3月6日至2020年5月20日股价走势的资金流图。图中第一个绿色框线标注的位置，出现了“上绿下红、主力出货”的形态，这是主力经过前期的一波股价拉升后，在股价7.98元高位的时候将筹码出给散户，而7.98元附近的这个位置，也是套牢盘所在的位置。

股价在随后又出现了连续三个交易日的上涨行情，而这三天上涨的股价价格已经达到了前期套牢盘位置附近了，第二个绿色框线位置，出现了“上红下绿、主力建仓”的形态。但是，主力资金虽然进钱不出，却并没有解放前方套牢盘，也就是说，主力并没有将前方被套的散户手中的筹码收集过来，而只是利用资金优势，将股价拉高在相对较高的位置，没有解放前方套牢盘的意图。

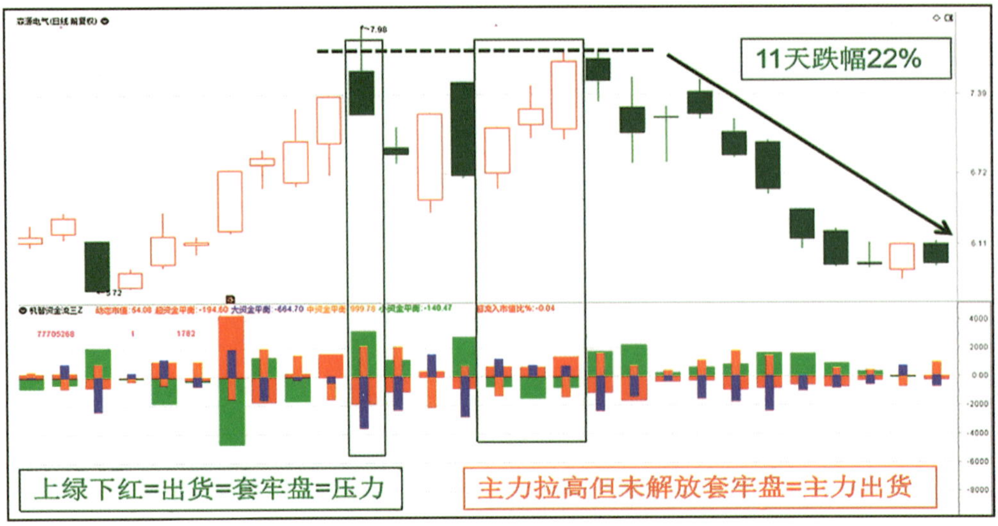

图4–5

那么主力既然进钱不出，却并没有想解放前方套牢盘的原因是什么呢？其实主力就是为了将股价拉升到相对高点之后，再将自己手中的筹码在价格相对高点抛出，意在将之前没有出完的货一次出完。如果无法识别主力洗盘结束特征的话，将主力的本次操作视为洗盘结束，后果不堪设想。从图中不难看出，之后的11个交易日内跌幅达到了22%；反之，如果能够清楚地分辨主力洗盘结束特征的话，很容易能够判定出主力在本次操作中并不是洗盘结束，而是想要出货，就不会选择在这个位置低吸介入，自然也不会被主力的行为误导而做出错误操作了。

● 能力测试

一、单选题

1、下列关于有效性比较，正确的是（ ）

A. 筹码压力位>政策压力位>心理压力位>传统压力位

B. 心理压力位>传统压力位>筹码压力位>政策压力位

C. 政策压力位>筹码压力位>传统压力位>心理压力位

D. 传统压力位>心理压力位>筹码压力位>政策压力位

2、什么是支撑位？（　）

A. 股价最低位

B. 股价最高位

C. 主力成本区

D. 散户套牢区

3、什么是压力位？（　）

A. 股价最低位

B. 股价最高位

C. 主力成本区

D. 散户套牢区

4、真“仙人指路”的特征（　）

A. 主力空仓，散户资金大举净流入导致股价冲高回落

B. 主力持仓，散户资金大举净流入导致股价冲高回落

C. 主力空仓，主力资金大举净流入导致股价冲高回落

D. 主力持仓，主力资金大举净流入导致股价冲高回落

二、多选题

1、支撑位与压力位有几个维度？（　）

A. 心理上的压力位

B. 政策上的压力位

C. 传统上的压力位

D. 筹码上的压力位

2、假“仙人指路”的特征（　）

A. 主力空仓，散户资金大举净流入导致股价冲高回落

B. 主力持仓，散户资金大举净流入导致股价冲高回落

C. 主力空仓，主力资金大举净流入导致股价冲高回落

D. 主力持仓，主力资金大举净流入导致股价冲高回落

3、主力洗盘结束的信号及特征有哪些？（　）

A. 浮筹清洗完毕

B. 股价横盘震荡

C. 前方套牢盘消失

D. 股价开始拉升

4、如何识别主力洗盘行为？（ ）

A. 通过K线组合

B. 通过技术形态

C. 通过周期预测

D. 通过股价涨跌幅

三、思考题

1. “仙人指路”的技术特征及作用？

2. 如何判断主力洗盘是否结束？

参考答案

单选题

1. C 2. C 3. D 4. D

多选题

1. ABCD 2. AB 3. AC 4. ABC

思考题

略(参见本章有关知识点)

第五章　如何判断主力是否出货

股市里有句话是这样说的“会买的是徒弟，会卖的才是师父”，由此可见选择最佳时机出货是多么重要，投资者在实盘操作中也会遇到买了之后股价开始下跌、卖了之后股价反而又涨了的情况。所以能否判断主力是否出货，也是跟踪主力盈利的关键之一。通过本章节的学习，您将了解到反包出货及换装资金流的特征，从而能够在实盘中跟着主力出货，实现跟踪主力盈利。

第一节　反包出货特征

后一根K线实体包裹前一天的K线实体的K线组合叫作反包。不论是个股还是大盘，出现反包的情况不多，但是如果一旦碰上反包的走势，我们可以用反包辅助我们判断股票的趋势，尤其是股价经历了连续下挫或者连续拉升后，反包的指导意义更加明显！

本小节主要讲解的是长阳反包的特点特征，大家肯定都喜欢股票中的“大长腿”，也就是长阳形态。不过当个股中出现这种长阳形态的时候，能否判断是主力出货还是主力拉升、有没有胆量去参与，就另当别论了。那么如何玩转长阳反包形态、如何识别真假“大长腿”呢?

● 反包出货目的

当主力资金想要出货的时候，通常会采用不同的手法，其中反包出货就是主力出货的方法之一，那么主力为什么在出货的时候，喜欢用反包长阳的方式出货呢?

主力出货，是希望将手中的筹码高价出售给散户，然而大家既然能够来到A股市场，肯定都是想赚钱的，没有人想在高位接盘，散户亦是如此。但是如果通过长阳反包的形态来出货，就会迷惑很多无法分辨长阳反包后股价是再次拉升还是出货的散户。当散户们看到一根大阳线的时候，受到追涨心理的影响，很容易产生“再不买就买不到了”的错觉，故而在高位接盘。

主力利用长阳反包的方式进行出货，就是想利用盘中日内的极强反包走势，去吸引短线跟风资金，从而实现高位出货的目的。

● 常用手法

主力希望通过股价长阳反包形态的方式，吸引短线跟风资金出货。主力通常会运用几种方法使得股价形成这种长阳反包的形态，分别为：主力通过自身资金及资源优势，使股价形成低开高走形态、超大单买单封板、机构席位龙虎榜上榜、媒体软文吹风等。

但是对于普通散户来说，几种方式都可以用来掩盖主力真实意图，参考价值有限。

● 真反包起二波特征

主力通常会运用长阳反包形态出货，但有时反包是主力实力和决心的显现，是主力想要二次拉升，其形态主要有以下四个特征：

第一，想把握真正的反包，所选择的个股一定要从属于主线行业，且主线行业的题材最好处于发酵中的状态，通常这种情况下走真反包拉升股价行情的概率比较大；反之若是股票属于冷门行业，即便走出了长阳反包股价后期拉升的行情，但由于不是主线行业，这种行情的持续性也比较差。

第二，个股在出现反包位置的时候，整体的涨幅最好要小于50%。因为涨幅越小，说明主力的出货空间就越少，出货空间小就说明主力的出货概率也小。主力在出货的时候，一定是所获得的利润达到预期的，所以反包到底出不出货，主要取决于主力的获利幅度是不是很大，是不是已经达到了预期。如果在出现反包形态的位置，股价已经翻了三五倍，这种股票就算反包的形态再好，也一定要十分小心；反之若是在出现反包形态的位置，股价只涨了10%~20%，通常这种反包形态大概率都是主力二次探底拿货，基本都是掀起第二波上涨的一个非常强劲的信号。

第三，主力资金持仓要高。因为主力重仓的股票，想要将手中的筹码完全抛出的难度系数很大，如果主力不将股价拉升到一定高度的话，很难将筹码全部抛出。A股市场中散户的最大特点就是“追涨”，大部分股民都是买涨不买跌的，所以如果散户没有看到股价上涨的话，是不会去购买的，只有主力将股价拉升到一定高度之后，才有出货的可能性，否则股价在低位，主力是很难出货的。

第四，反包形态出现的当天，主力资金是要净流入的，就算主力资金没有净流入，小幅流出也可以，但是在反包形态当天绝不允许主力资金大举流出。

主力资金由于仓位较重，所以出货需要多个交易日，当日出货完毕的难度比较大，故而我们可以通过股价的阶段走势来判断主力资金流向，通过资金流向再去判断主力资金的行为，这样才更加精准。

下面我们结合航天长峰的案例讲解，将反包出货特征结合在实盘操作中做详细分析。

图5-1，红色框线标注位置为航天长峰在2020年4月1日股价走势的资金流图，红色框线标注的位置就是反包形态出现的位置。从图中可以看到，首先，航天长峰为呼吸机概念股，而由于受疫情影响，当时的呼吸机概念十分火爆，属于主线行业；其次，资金流五号为红色，且红色在不断增加，红色代表主力有场内持仓，而红色增加则说明主力在股价出现反包形态时的持仓度是非常高的；最后，航天长峰反包形态出现的当天，主力资金净流入一亿元。从图中我们可以看到，在反包形态出现的前一天，主力资金是净流出的，而如果主力是真的想出货的话，就会直接趁着股价在相对高位的时候直接将筹码全部抛出，而不是将好不容易抛出的筹码再次纳入囊中，所以一旦出现这种情况，就是反包后股价二次拉升的信号。从图中不难看出，股价在随后的四个交易日中，最大涨幅达到40%。

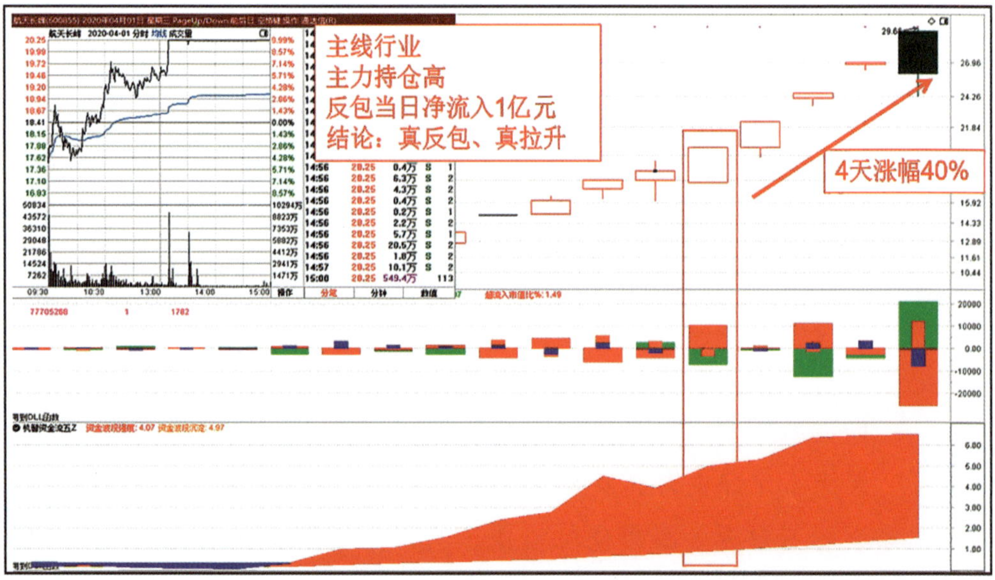

图5-1

假反包真出货特征

与反包后股价二次拉升的形态不同，反包出货主要有以下几个特征：

第一，个股处于主线行业题材炒作的末期阶段，或者个股本身就不属于主线行业，只是因为一些突发利好而引发的短期连续上涨而已，通常这种情况下的上涨并不长久，主力将股价稍作拉升后，就会立刻将筹码抛出，让散户接盘。

第二，在出现反包形态时，个股的涨幅已经超过50%。当个股的涨幅已经比较大的时候，说明主力的获利空间也相对较大。在主力已经赚到一笔丰厚的利润后，后面无论是拉升股价还是出货，都是盈利的，所以这个时候，主力一旦有将筹码全部抛售的机会的话，就不会费尽心思拉升股价去获取后期已经没什么空间的小额利润了。

第三，在出现反包形态时，主力资金的仓位较低。主力仓位低的股票，想出货是很容易的，主力完全可以运用自身的资金优势，毫不费力地将股价稍作拉升，吸引到少部分的短线跟风资金，即可将筹码全部抛出。

第四，在反包形态出现的当天，主力资金呈现净流出状态。

下面我们结合个股道恩股份的案例讲解，将反包出货特征结合在实盘操作中做详细分析。

图5-2中，绿色框线标注区域为个股道恩股份在2020年4月8日股价走势的资金流图，绿色框线标注的位置就是反包形态出现的位置。第一，道恩股份在出现开盘下跌2%、收盘10%、全天涨幅12%的反包形态的时候，已经处于主线行业题材炒作的末期阶段；第二，在出现反包形态的时候，道恩股份的涨幅已经达到了启动初期的两三倍之多，主力已经在这只个股上赚足了利润，获得了丰厚的收益，达到甚至超越了收益预期，所以后期无论主力如何出货，整体上都是盈利的；第三，从资金流五号数据指标上来看，红色大幅减少，这说明主力是在大幅减仓

主力的持仓度越来越低。第四，反包形态出现的前一天，的，

主力资金只有小幅的净流入，而反包当天，资金流三号出现“上绿下红、主力出货”的现象，这说明主力资金在净流出，股价当天低开高走，在已经封涨停板的情况下，主力资金竟然是净流出的，反而是散户资金在净流入，反包后是股价继续拉升还是出货一目了然。从图中我们可以看出，主力资金在随后的几天大举净流出，将筹码全部出售给散户，股价随后也是一路下跌，在之后的15个交易日内跌幅达到32%。

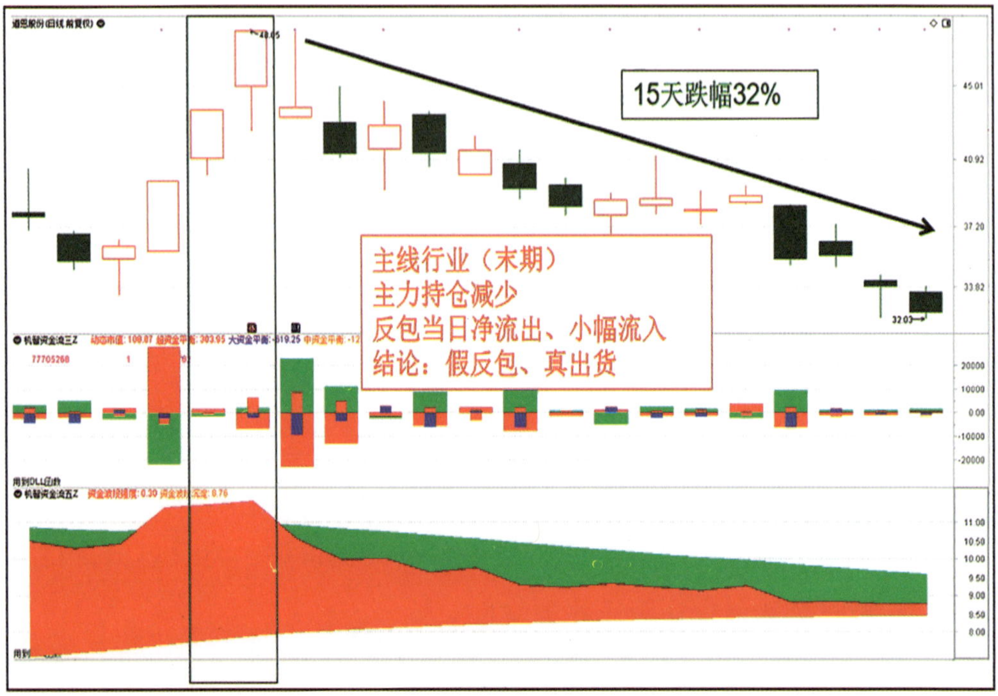

图5–2

需要大家留意的是，主力进行个股操作的时候，通常仓位会比较大，所以主力出货就需要多个交易日，当日出货完毕的难度较大，大家可以通过股价的近期走势来判断主力资金的流向，进而通过阶段主力资金的流向去判断主力资金的意图，这种方式会比针对某一天的判断更加精准。

第二节 主力轮换操作一只股票的资金流特征

个股是否更换主力，对股价后期走势有很大影响。某些个股在更换主力后，新主力会对股价进行二次拉升，股价也会随之再次飙升，而某些个股会由于更换主力失败或是新主力难以拉升股价，而造成股价一路下跌的走势，所以掌握更换主力资金流的特征至关重要。

在实盘操作中，有些股票在上涨的时候，可能只是短线行情，三五个涨停板就结束了，而有一些股票在经过三五个涨停板后，几天内稍作调整，就又开启新的一波连板行情，这是为什么呢?

其实原因很简单，那些三五个涨停板就结束上涨行情的个股，多半是因为突发的利好消息，主力利用利好消息进行一波股价拉升后，获利走人，留下散户接盘。而那些能够开启新一波连板行情的股票，后期股价拉升主要分为两种情况。

第一种情况就是，原来的主力在三五个涨停板的时候并没有出货，而是通过休整的方式洗盘，意在将散户清洗出局，待到洗得差不多的时候，再进行一次股价拉升，当股价拉升到一定高度，主力利润达到一定预期后，再将筹码抛给散户接盘。

第二种情况就是，原来的主力经过前期股价三五个涨停板的拉升后，已经赚得盆满钵获利出局，但是还有另外一家主力进场，将原主力手中的筹码全部接手，而新主力接过原主力的筹码后，也是要获利的，故而就有了后期股价的二次拉升，本小节主要讲解的就是该种更换主力情况出现时的资金流特征。

● 什么是更换主力?

更换主力，通常为原来的主力已经获利离场，但是有新的主力介入，新主力将原来主力手中的筹码全部买到自己手中，从而满足自己对个股的控盘能力，为后期的股价拉升做好充足准备。

● 更换主力的目的

原来的主力已经获利走人，为什么新主力还要接手老主力手中的筹码呢？答案自然是因为，这个筹码依然能够给新主力带来利润，能够让新主力在接盘之后，依然有获利空间，所以更换主力的目的，就是跟风接力赚钱。

● 更换主力的特征

想要了解个股是否更换主力，要先从更换主力资金流的特征来说起。更换主力资金流的特征就是：原主力的资金净流出，而新主力的资金流入。更换主力出现的资金流结果是：当日的主力资金是净流入的状态，这就说明更换主力了。

如图5-3所示，图中资金流五号蓝色代表主力资金空仓，红色代表主力资金持仓。从图中可以看出，在第一个红色框线标注的区域，资金流五号由蓝变红，说明主力资金由无场内持仓变为有场内持仓。这就说明主力资金是净流入的，主力开始建仓。

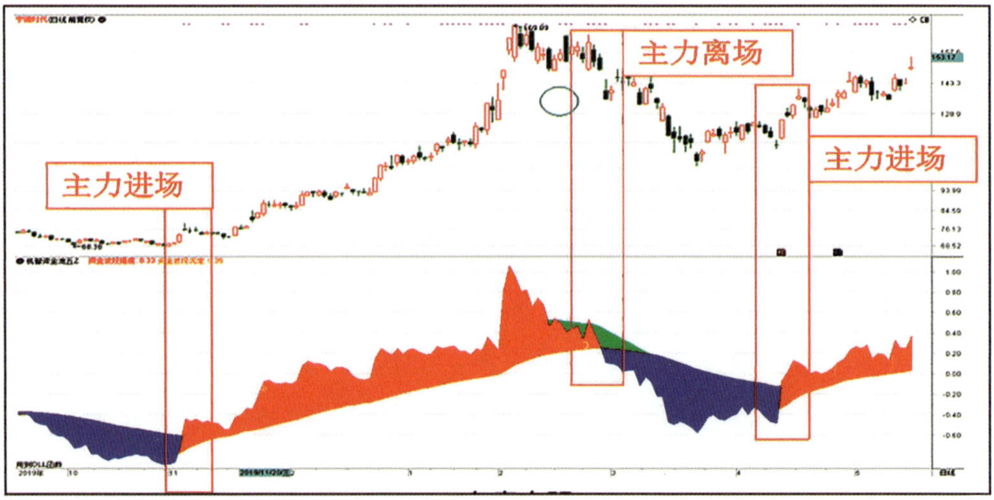

图5-3

随后主力仓位加重，股价开始进入上涨行情，在第二个红色框线标注的位置，主力获利达到预期，于是在高位将筹码抛售给散户，主力获利离场，散户高位接盘被套。此时，资金流五号为蓝色，说明主力已经将筹码全部抛出，无场内持仓。

在主力离场之后，股价经过一段时间的调整，资金流五号再次由蓝变红，说明又有新的主力介入个股，开始进行建仓操作，在主力资金持仓加重的这段时间，股价再次进入拉升行情。

● 更换主力的方式

更换主力的方式分为以下两种：

第一种是涨停换庄为明线更换主力，由于主力资金在涨停板后会直接流出，新主力并没有在原主力离场当天将筹码承接，而是等到股价调整一段时间后，新主力才吸筹的。这种换庄方式比较明显，说白了就是明牌，散户也很容易能够看出来。

第二种涨停更换主力则完全不同，为涨停板更换主力，也叫暗线更换主力，新主力会在原主力获利离场当天，直接承接原主力手中的筹码。由于原主力离场与新主力进场是同时发生的，所以既没有专业知识、又没有资金、资源等优势的散户，很难察觉到主力已经更换主力了。

首先我们通过漫步者在2019年12月24日股价走势的案例对涨停换庄中明线更换主力进行详细讲解。

图5-4为漫步者的资金流图。从图中可以看出，在第一个红色框线标注的位置，资金流三号呈现“上绿下红、主力出货”的形态，说明主力资金净流出、散户资金净流入，原主力资金流出了7400万元，主力将筹码抛出后，股价经过一段时间的调整。随后在第二个红色框线的位置，资金流三号出现“上红下绿，主力进钱不出”的形态，新主力资金大举流入1.5亿元，当日的流入资金占个股流通市值的3.48%，新主力将原主力之前抛给散户的筹码全部收集过来，完成更换主力。

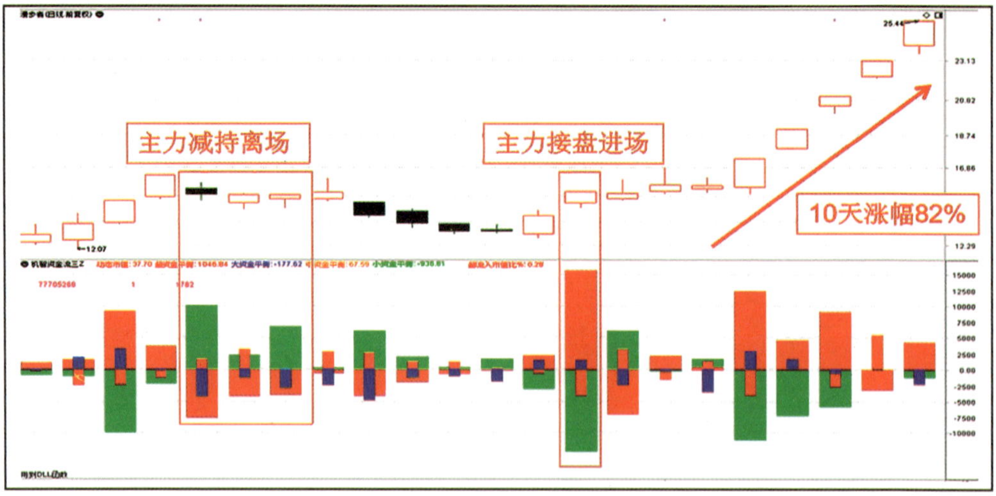

图5–4

而上述的更换主力过程中，无论是原主力出货，还是新主力进场，都是在几个交易日里完成的，通过资金流三号可以很清楚地看到主力是出货还是减仓，十分明显清晰。我们可以看到，在更换主力结束后，股价在随后的十个加以日内涨幅达82%之多。

明线更换主力比较容易判断出来，但是暗线更换主力就容易分辨了，下面就通过个股深康佳A在2020年2月10日股价的真实走势为例，为大家做详细说明。

图5–5为深康佳A的资金流图，图中K线下方的第一个指标为资金流二号，第二个指标为资金流三号。

与资金流三号指标相同，红柱代表超大单主力资金，绿柱代表小单散户资金，但不同点在于，资金流二号是用来判断主力资金意向的，而资金流三号是用来看资金结果的。也就是说，同一只个股某天资金流二号出现红柱朝下的时候，资金流三号可能出现红柱朝上的情况，这说明主力在当天的意向是流出的，但是出现另外的主力资金过来接盘。当新主力流入的资金多于原主力流出的资金时，虽然资金流二号显示主力资金在流出，但资金流三号就会显示当日有主力资金流入，而并非主力资金流出。

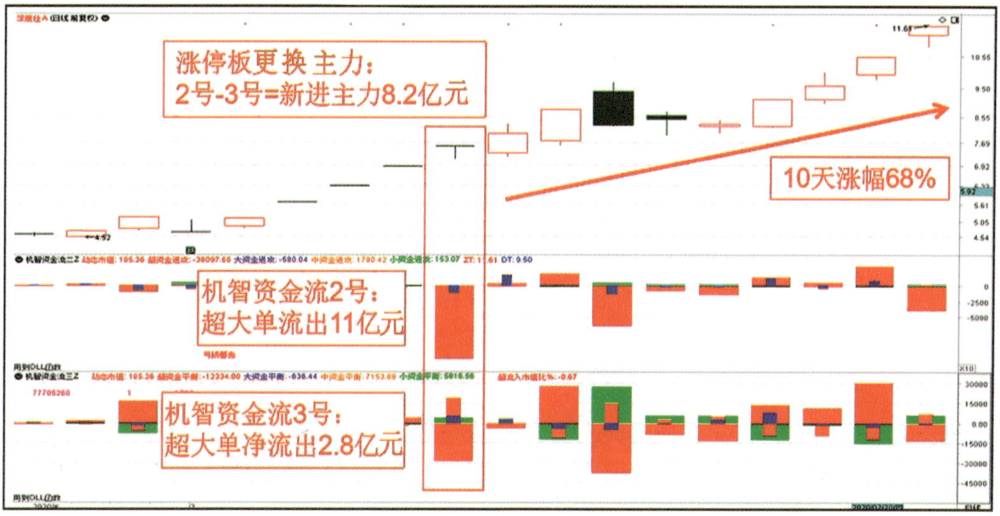

图5-5

了解了资金流二号的用法后，我们再看深康佳A的资金流图。图中红色框线标注的涨停板位置，资金流二号出现“上红下绿、主力出货”的形态，显示主力资金在当日净流出达11亿元，资金流三号也出现了“上红下绿、主力出货”的形态，但显示主力在当日资金净流出只有2.8亿元。这就说明，在原主力资金流出的时候，还有另外一股资金流入了8.2亿元，出现了新主力接盘原主力的现象。由此我们不难判断，该只个股出现了涨停板更换主力。

需要大家注意的是，深康佳A这只个股在出现换庄之前，出现了连续三个交易日的一字板，新主力在更换主力之前没有机会买入，终于在2月10日当天得偿所愿，仅用了一天的时间就大举买入了8.2亿元。这个净流入的规模是很大的，且在换庄完成之后，主力又补了2.7亿元的资金流入，从图中可以看出，股价随后扶摇直上，在十个交易日涨幅达到68%。

如果没有专业的数据，是很难判断深康佳A在2月10日当天是更换主力的，但通过资金流系统，股民也可以轻而易举地判断出个股中是否出现换庄，能够帮助股民在市场中获得丰厚的利润。

- **止损原则**

虽然可以更换主力，但是并不代表在更换主力后一定会赚钱，主力也是有亏钱的可能性的。更换主力之后进来的新主力不一定能够成功将股价拉升起来。虽然在更换主力的时候可以选择跟踪主力，但是当更换主力之后，若是股价跌破了更换主力的成本位，一定要无条件止损。下面我们通过个股漫步者在2020年3月9日股价实盘走势的案例，对更换主力后的止损原则做详细说明。

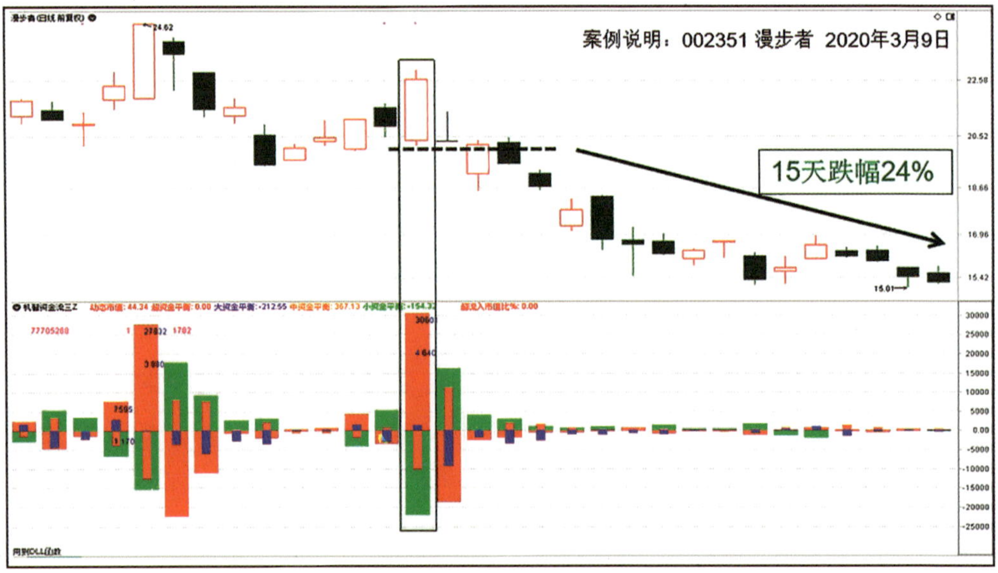

图5–6

图5–6为漫步者股价走势的资金流图，图中绿色框线标注位置为更换主力位置。从图中我们可以看出，新主力更换完成后，第二天并没有拉升股价，反而是开始割肉出局，将自己手中的筹码大举抛出。这是因为主力发现形势对自己不利之后开始止损。在主力止损出局后，股价跌破更换主力成本，开始连续15个交易日的下跌行情，跌幅达到24%。

这就是股价跌破更换主力成本区后的走势，所以一定要与主力共进退，做到顺势而为，及时止损。

● 止盈原则

止损很重要，止盈也同样重要。换庄资金流的止盈条件与短线跟踪主力战法中其他股票的止盈条件是一样的，以资金流系统指标为工具，当出现主力资金净流入的形态时，没仓位的可运用136建仓法进行建仓，有仓位的可以持股不动；当出现主力净流出创新高的时候，就减仓或者清仓。

图5–7为春兴精工个股的资金流图。

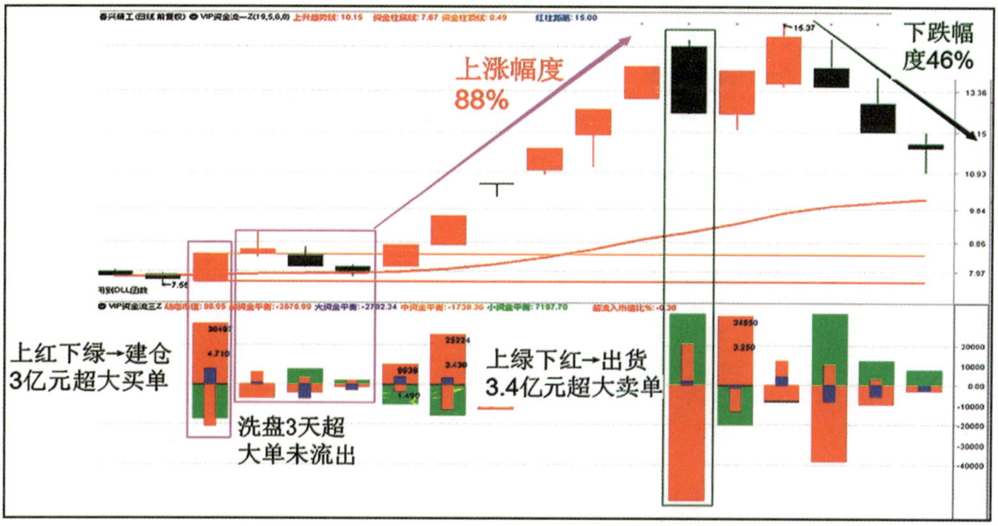

图5–7

从图中我们可以看出，当个股出现“上红下绿、主力建仓”的形态时，主力资金当天净流入3亿元。在随后的三天内，主力开始洗盘，股价小幅下跌的同时超大单主力资金并未流出，随后主力资金再次流入，股价迅速上涨，8个交易日内最大涨幅达到88%。股价在快速上涨后，在绿色框线位置出现冲高回落，出现“上绿下红、主力出货”的形态，主力当天净流出资金高达3.4亿元。需要大家注意的是，在绿色框线位置，就是卖点了，因为主力在这里已经出货了，而我们就算没有卖到最高点，但是紧跟主力的步伐，抓住中间的主升浪，赚取稳定的收益，利润依然是十分可观的。

主力在绿色框线位置已经出货，隔天又有新的主力资金在流入，然而新主力资金在流入之后，由于无法拉升股价，第二天就开始大量出货，随后股价在短短三个交易日大幅下跌46%。

● 能力测试

一、单选题

1、反包出货的目的（ ）

A. 主力通过拉升股价，将散户清洗出局

B. 吸引其他主力买入个股，从而进行更换主力

C. 吸引短线跟风资金，从而实现高位出货

D. 通过打压股价的方式，吸引散户买入

2、什么是更换主力？（ ）

A. 原主力获利离场，新主力介入

B. 原主力获利离场，散户介入

C. 散户获利离场，新主力介入

D. 散户和主力同时获利离场

3、更换主力的目的（ ）

A. 将筹码出给散户

B. 跟风接力赚钱

C. 降低持股成本

D. 将散户清洗出局

4、更换主力资金流的特征（ ）

A. 原主力资金流出，新主力资金流入

B. 原主力资金流出，散户资金流入

C. 散户资金流出，新主力资金流入

D. 原主力资金同散户资金同时流出，新主力资金流入

5、出现更换主力时的资金流结果是（ ）

A. 当日主力资金呈净流出状态

B. 当日主力资金呈净流入状态

C. 当日散户资金呈净流出状态

D. 当日散户资金呈净流入状态

6、以下关于止损原则，说法正确的是（ ）

A. 股价一旦跌破更换主力成本位，无条件止损。

B. 股价跌破更换主力成本位，继续持仓，等待股价上涨。

C. 股价跌破成本位10%以上再止损。

D. 股价只要出现下跌就清仓止损。

7、以下关于止盈原则，说法正确的是（ ）

A. 当出现主力资金净流入创新高时，就减仓或清仓

B. 当出现主力资金净流出创新高时，就减仓或清仓

C. 当出现股价创新高时，就减仓或清仓

D. 当出现股价上涨到前期高位时，就减仓或清仓

二、多选题

1、主力长阳反包出货的常用手法有哪些？（ ）

A. 股价形成低开高走形态

B. 超大单买单封板

C. 机构席位龙虎榜上榜

D. 媒体软文吹风

2、主力真反包起二波的特征（ ）

A. 个股属于主线行业，且题材处于发酵中

B. 个股在出现反包位置时，整体涨幅小于50%

C. 主力资金持仓仓位较重

D. 反包形态出现当天，出现主力资金净流入

3、主力假反包真出货的特征（ ）

A. 个股不属于主线行业

B. 出现反包形态时，个股涨幅超过50%

C. 出现反包形态时，主力资金仓位较低

D. 出现反包形态当天，出现主力资金净流出

4、换庄的方式（ ）

A. 涨停更换主力（明线更换）

B. 跌停更换主力（明线更换）

C. 涨停板更换主力（暗线更换）

D. 跌停板更换主力（暗线更换）

三、思考题

1、如何用资金流系统判断主力为真反包起二波?

2、如何用资金流系统判断主力假反包真出货?

3、如何正确止盈止损?

参考答案

选择题

1. C 2. A 3. B 4. A 5. B 6. A 7. B

多选题

1. ABCD 2. ABCD 3. ABCD 4. AC

思考题

略(参见本章有关知识点)

第六章 被套时的自救方法

主力也是人，股场如战场，在这个战场上，没有人能够保证一直盈利从不亏损，就连股神巴菲特都见证了美股熔断，就更不要说作为普通散户的我们了。所以跟踪主力盈利，难免会遇到主力也被套的时候，那么当主力被套，我们如何进行自救呢？

第一节 主力被套止损特征

想要跟踪主力盈利没错，但也要做到跟踪主力止损，主力被套时能够及时止损，而作为普通散户，也要紧跟主力的步伐及时止损。

那么如何通过主力行为来判断主力是否被套？

● 主力资金的真实盈利情况

根据上海证券交易所公布的数据显示，机构资金累计获利幅度远高于普通投资者（2019年机构获利是普通投资者的3.5倍、2018年机构获利是普通投资者的1.5倍）。

但机构获利幅度大不代表主力资金的胜率很高，在实盘交易过程中，我们时常可以监控到主力被套止损出局的情况。不得不佩服的是，主力资金在止损操作的决断力和执行力是普通投资者不具备的。这也是为什么主力资金盈利幅度可以远高于普通投资者的重要原因之一，因为主力在亏损的时候，懂得及时止损亏小钱，主力在获利的时候，可以借助资金优势获取巨额收益，就能够抵消掉之前操作失误的损失。但散户则完全不同，大部分散户的操作风格则是被套了就死扛，结果就是越套越深。

机构之所以获利幅度远高于普通投资者，就是因为机构懂得及时止损。想要在股市中跟踪主力盈利，不仅是要跟着主力吃肉，在主力割肉的时候，也要紧跟踪主力家的脚步，及时止损。做到识别主力行为，与主力共进退，才是盈利的关键。

● 账户亏损幅度与扭亏盈利幅度对比

表6–1

亏损幅度	解套盈利幅度	解套难度
5%	5.26%	轻松
10%	11.11%	简单
20%	25.00%	容易
30%	42.86%	困难
40%	66.67%	非常困难
50%	100.00%	
60%	150.00%	
70%	233.33%	
80%	400.00%	
90%	900.00%	

表6–1为账户亏损幅度与扭亏盈利幅度对比表，表格左侧为亏损程度，右侧为对应的解套盈利幅度。从中我们可以看出，当仓位亏损5%的时候，只需要盈利5.2%即可成功解套，这对于普通投资者来说是比较轻松的，很轻易就能做到；当仓位亏损

10%的时候，需要盈利11.1%可成功解套，这个也是比较简单的；当仓位亏损20%的时候，需要盈利25%才成功解套，这对学过跟踪主力战法的朋友来说也不是很难；而一旦仓位亏损超过30%，解套就需要盈利至少42.86%，这对普通投资者来说就比较困难了；而当仓位亏损超过40%的时候，需要盈利66.67%，这是非常困难的；而当仓位亏损50%的时候，就需要盈利100%才能扭亏为盈……以此类推。

由此可以看出，如果亏损的幅度不能控制在20%以内，解套的难度系数会非常大。正是由于机构深知这个道理，所以一旦遇到不可控的因素，机构会果断止损，做足风险控制；而普通投资者因为不懂这个道理，所以总是抱着侥幸的心理死扛到底，结果越套越深，解套难度越来越大，最终被市场淘汰。

止损是股市盈利中十分重要的环节，做好风险控制是盈利的关键。普通投资者在执行这一环节的时候，往往都意识不到止损和风控的重要性，在面临相同情况下所做的决定也不同，这就是主力与散户的区别。

只有摆正态度，了解风控的重要性并能够增强执行力，在亏损的时候能够及时止损，才能够将技巧应用在实盘操作中。

● 主力被套止损特征

想要在主力止损的情况下跟着主力同时止损，就一定要知道主力在什么情况下处于被套的状态，了解主力被套的特征，这样才能够在第一时间与主力同时止损。

当主力资金进场后，股价跌至主力成本区以下，属于主力被套的情况。当主力处于股价低于成本区的时候，会迅速做好止损措施，主力会利用自己各方面优势将股价控制在成本区位置附近，通过反复波动或盘整的方式将手中的筹码全部出售给散户完成清仓操作，这就是主力止损的特征。

下面通过2020年3月2日至4月1日四维图新股价走势的案例

对主力止损特征进行详细说明。

如图6-1所示，图中红色框线标注位置，主力资金四个交易日资金大举流入，形成“上红下绿、主力资金进钱不出”的形态，但是主力资金介入之后，刚准备拉升股价的时候，由于受到整个盘面或者整个行业因素的影响，造成股价无法拉升。

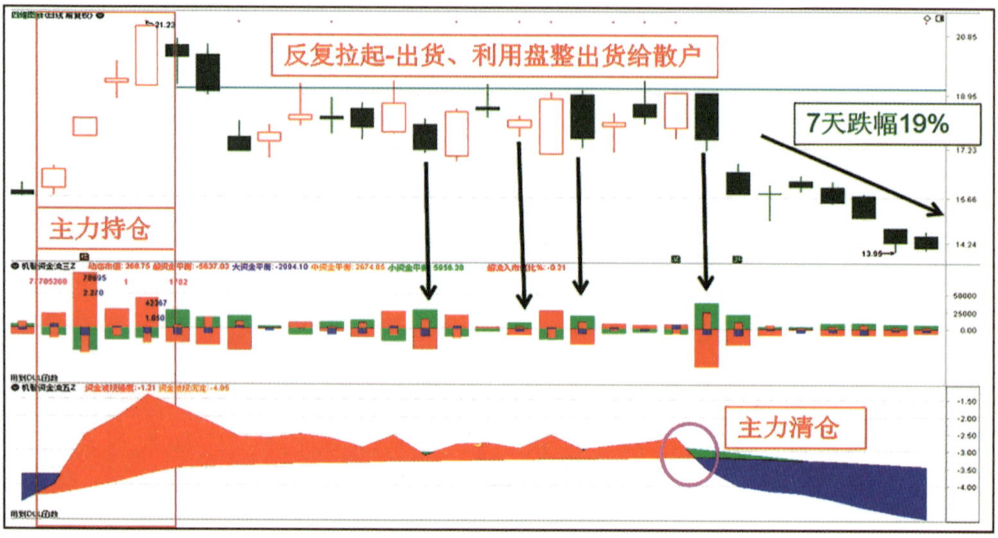

图6-1

主力在没有获利的情况下，也不希望股价跌到成本区以下出货，于是主力通过自身的资金优势，将股价控制在成本区附近。正如图中绿色箭头标注的那样，资金流三号显示“上绿下红、主力出货”形态的前一天，都伴随着“上红下绿、主力资金只进不出”的形态出现。这就是主力先将股价稍作拉升，使得股价走出一根阳线，散户由于受到“追涨”心理影响，跟风买入，这时就是主力出货的好时机。

主力将股价稍作拉升后就出货，如此反复操作，利用盘整期间，将自己手中的筹码全部出售给散户。从资金流五号我们可以看出，在主力建仓拉升股价失败后，资金流五号红色一直变少，这说明主力的仓位一直处于减持状态，主力持仓越来越少，直到最后资金流五号由红变蓝，说明主力已经将手中筹码全部抛售给散户，主力清仓，散户接盘。股价在主力清仓后的7个交易日内跌幅达到19%。

这就是主力被套后的止损特征，跟着主力介入，依然有被套的风险，但就算是出现了被套的情况，也有充足的解套机会。如果不慎跟踪主力介入到该只个股，运用资金流系统观察到主力的止损行为，相信大家也会毫不犹豫地将手中的个股卖出止损。掌握了主力被套的止损特征后，完全可以避免后期股价的下跌行情。

● 止损建议

作为A股市场中的普通投资者，大部分人都会经历到股票被套的情况，所以在进行投资炒股之前，一定要作出缜密的交易计划，并做好风险控制，严格按照交易计划进行执行。若是遇到被套的情况，不应该抱着“侥幸”心理，因不想割肉被越套越深，一定要及时止损出局，避免不必要的损失。

这世界上没有百分百赚钱的方法或者人，跟随主力的同时就要与其共同进退。主力盈利的时候，跟着主力盈利，主力割肉止损的时候，也一定要及时止损出局。态度比努力更重要，不能严格止损的人，是没有资格跟随主力的，即便短时间内跟着主力盈利了，也会在后期的交易中因为不能止损而被这个残酷的市场淘汰出局。

第二节　主力被套自救特征

通过上一小节的学习，我们了解到了主力资金的真实盈利情况，学会了分辨主力资金被套时的止损特征，掌握了在主力被套的情况下如何跟随主力解套的技巧。通过本小节的学习，您将了解到主力资金自救特征，掌握主力被套时散户可以参与的情况及主力被套时散户不可以参与的情况。

为什么说主力被套时散户还可以参与呢？这是因为在某些行情中，主力被套后由于不想割肉出局，而是想在成本区或者成本区稍高的价格将筹码出给散户。这个时候，散户就可以利用主力想解套这点，来对个股进行高抛低吸，也就是在主力低吸的时候低吸，在主力将筹码出给散户的时候，同样跟随主力将自己手中的股票卖出，从而赚取差价。

并不是所有的主力被套行情都是散户可以参与的，需要具体情况具体分析。本小节就为大家做详细分析。

- **主力资金被套自救特征**

大家有没有想过这样一个问题：主力被套之后，是如何自救的呢？

主力想要自救，就需要让股价上涨，股价上涨最根本原因就是资金的推动。所以说，主力若想自救，就一定要有足够的资金量用来推升股价。这就说明，主力通常不会轻易满仓，所以在进行个股交易的时候，作为普通投资者的我们，也不要轻易满仓，因为一旦满仓，没有充足的资金量的话，是很难做到自救的。明白了这个道理之后，下面给大家讲解一下主力自救的特征。

一般在这种情况下容易出现主力资金被套自救的情况：主力在拉高建仓之后遭遇利空的时候，股价快速下跌，导致主力被套。通常主力会为了不亏损出局，而将股价维护在成本区附近止损出局，不会刻意逆势做多。只有主力在遭遇跌停板无法出货的时候，才会利用自身的资金优势来翘板买入，抬高股价。机构是有平仓线的，一旦主力被跌停板按死在里面的话，为了自保，只能被迫翘板买入。这个时候，从资金流三号能够很清楚地看出，主力资金在跌停板处于净流入的情况。当普通投资者看到主力资金有大单买入的时候，由于受到大量的资金推动，股价也会在随后展开超跌反弹的行情或是震荡筑底的走势。

● 主力被套时散户可以参与的情况

主力在被套的时候，会运用自己的资金优势，将股价再次拉回到成本区位置，从而达到自救的目的。主力将股价拉升到成本区位置之前，就给了散户一个很好的介入机会。但并不是所有的股票在主力被套时散户都可以参与，只有符合条件的股票，才适合散户参与。那么适合散户参与的个股要符合哪些条件呢？

①股价在低位。这是因为股价处于低位的个股相比股价高的个股来说，是有一定的支撑的。

②主力资金在介入但还没有盈利。主力在介入某只个股的时候，肯定是想要赚钱的，所以当主力资金建仓后，在没有盈利的情况下被套，这时候主力的自救欲望就会特别强烈，至少不会让自己亏损出局。这个时候主力就会利用自身对个股的控盘优势，对股价进行调整。

③受利空消息连续跌停之后，该股有主力资金净流入。主力已经有一部分资金流入某只个股后，遭受利空消息股价连续跌停，反而再次投入大量资金在该股中，为的就是将被套的资金解套。当出现主力资金净流入的情况下，说明主力资金的确有真金白银流入了。这种情况下，作为普通投资者也可以参与，若是通过虚假宣传等方式，凭空抬高股价，并没有主力资金流入的情况下，则不适合散户参与。

下面通过个股航天信息在2020年2月3日的股价走势，结合上述条件进行详细讲解。

如图6-2所示，图中第一个红色框线标注位置为主力持仓位置，在这段时间，股价处于相对低位，资金流三号在多个交易日出现“上红下绿，主力建仓”的形态，说明主力资金大举进钱不出；而资金流五号也由蓝变红，这说明有主力场内持仓。

但是在这段时间，主力资金虽然大举介入，股价却一直没怎么涨，主力也没有盈利。

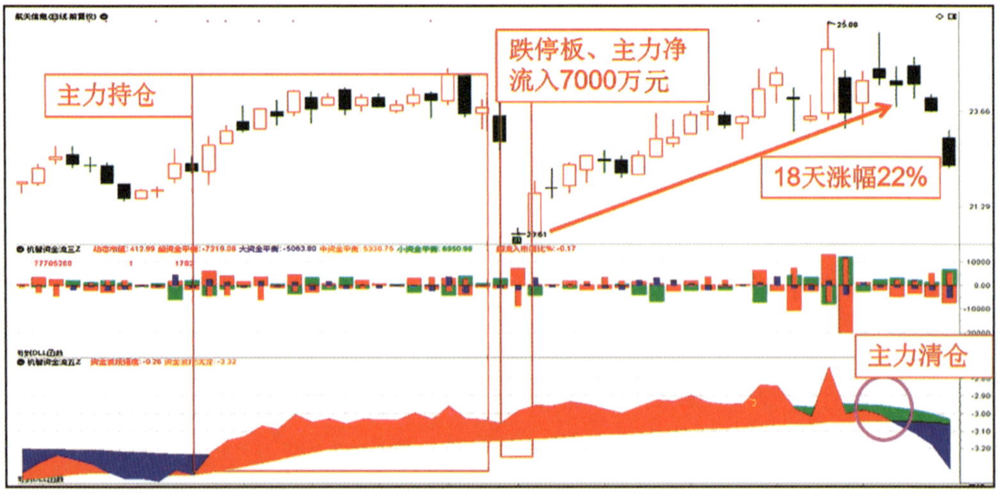

图6–2

随后图中第二个红色框线标注的位置，由于受到利空消息等影响，股价开始出现跌停，且在股价急速下跌的时候，创下历史新低。这说明股价已经处于历史地位了，且在主力资金前期大举流入却并未盈利的情况下，主力的自救欲望特别强烈，故而主力资金在跌停板当天，运用自己的资金优势，在跌停板翘板买入7000万元股票，为的就是能够将股价拉升到成本区后，平仓出局。

主力资金在持仓的情况下，既没赚到钱，股价又在低位被按死在跌停板，且在跌停板当天，主力资金又有大量资金净流入，满足了主力自救的这三个条件的个股，是散户可以少量参与的个股。从图中我们也可以看出，在随后的18个交易日里，股价涨幅达到了22%，虽然涨幅并不多，但是经过这一波股价的上涨，主力却成功地将股价拉回成本区后出货解套了。

随后我们也可以看到，股价在重新回到前期高点，也就是主力的成本区位置附近之后，主力资金大举流出，资金流三号显示“上绿下红、主力出货”的现象，而资金流五号由红变蓝，说明主力资金后期已经没有场内持仓了，主力将筹码全部出售给散户，从而成功解套。

能够看懂主力资金自救行为特征的投资者，就可以利用主力解套的机会，在主力翘板买入的时候跟随主力买入，并在主力出货的时候跟随主力一同出货，赚取主力将股价拉回成本区的股票差价的利润。这就是主力资金自救的成功案例，也是散户能够参与的跌停板翘板之后的行情，通常这种情况下的获利可能不会翻倍，但却是比较稳健的。

● 主力被套时散户不可以参与的情况

主力被套自救的行情有散户可以参与的情况，自然也有散户不能参与的情况。那么在怎样的情况下，主力被套自救时是散户不能参与的呢？

1. 股价前期涨幅过大。股价前期涨幅过大，就说明主力在前期已经获利颇丰了，后期无论主力如何出货，都是处于盈利的状态。在这个时候主力遇到被套的情况，就算是割肉出货，整体上也是盈利的状态，反而是投入大量资金将股价拉升更麻烦、更大风险，所以这个时候主力无须费时费力地自救回来，最多就是少赚点止损出局。

2. 急速下跌后，股价仍处于高位。当个股在急速下跌之后，股价依然处于相对高位的时候，这说明个股下方没有支撑，也不适合散户参与进来。

下面通过乾照光电在2020年2月27日股价走势，结合上述条件做详细讲解。

图6–3为个股乾照光电的资金流图，图中红色框线位置为股价跌停板位置，从中我们不难发现，在出现跌停板之前，资金流三号多个交易日出现“上红下绿、主力资金进钱不出”形态，且资金流五号红色加重，说明有主力资金场内持仓，而股价也是一路飙升，股价已经翻了一倍不止。

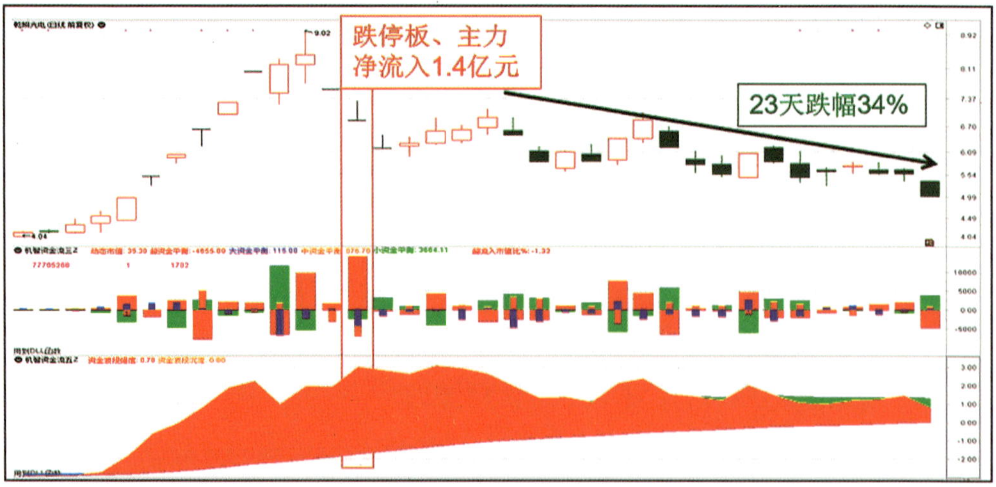

图6–3

接下来在红色框线标注的位置，在连续出现两个跌停板的时候，有大量资金净流入，净流入多达1.4亿元，但是在主力资金净流入的同时，股价并没有维持在资金流入时的成本区附近，反而是出现再次下跌的状态。这个时候，主力由于在前期已经获利十分丰厚，所以此时无论如何出货，都是获利的状态，这种情况下的主力自救就不适合散户参与了。

从图中我们也可以看出，主力在获利盘颇丰的情况下，无须自救，直接将手中的筹码出掉，股价在随后的22个交易日内大幅下跌，跌幅达到34%。

需要注意的是，主力也是人，自然也有操作失误被套的情况发生，所以不要觉得跟踪主力操作就一定是稳赚不亏的，一定要具体情况具体分析，在遇到主力被套的情况下，能够做到及时止损。在进行个股交易之前做好严格的交易计划及风险控制，严格按照交易计划执行，而不是一味地“追涨杀跌”。

● 能力测试

一、单选题

1. 当跟踪主力盈利遇到主力被套的情况时，应该（ ）

A. 坚持持仓，等待股价上涨

B. 跟随主力，及时止损

C. 加仓低吸

D. 坚持持仓，等待解套

2. 下列关于止损，说法正确的是（ ）

A. 止损是股市盈利中十分重要的环节，做好风险控制是盈利的关键

B. 散户在炒股中遇到不可控因素的时候，是可以抱着“侥幸”心理的

C. 当主力被套止损出局时，散户可以借此机会低吸

D. 当主力被套止损出局时，散户无须止损

3. 以下哪种情况属于主力被套？（ ）

A. 主力资金进场后，股价开始出现上涨

B. 主力资金进场后，股价跌至主力成本区以下

C. 主力资金进场后，股价横盘震荡

D. 主力资金进场后，股价迅速拉升后下跌至主力成本区以上

二、多选题

1. 下列说法中正确的是（ ）

A. 机构获利幅度远高于普通投资者是因为机构懂得及时止损

B. 机构获利幅度远高于普通投资者是因为机构从来不会被套

C. 普通投资者跟踪主力盈利遇到主力被套时，应该跟随主力及时止损

D. 普通投资者跟踪主力盈利遇到主力被套时，应该坚持持仓

2. 主力被套时，适合散户参与的个股要符合哪些条件？（ ）

A. 股价处于低位

B. 主力资金在介入但还没有盈利

C. 受利空消息连续跌停之后，该股依然有主力资金净流入

D. 主力资金已有丰厚收益

3. 主力被套时散户不可参与的情况有哪些（ ）

A. 股价前期涨幅过大

B. 急速下跌后，股价仍处于高位

C. 股价处于低位

D. 主力资金在介入但还没有盈利

三、思考题

1. 主力被套时止损的特征有哪些?

2. 主力被套时自救的特征是什么?

举例说明主力被套时的自救方法。

参考答案

单选题

1. B 2. A 3. B

多选题

1. AC 2. ABC 3. AB

思考题

略(参见本章有关知识点)

第七章 短线跟踪主力技巧

前六章从短线跟踪主力原理开始，分别从选股条件、主力建仓、主力洗盘、主力出货及主力被套时如何自救等方面，为大家介绍了如何跟随主力建仓，如何识别主力是洗盘还是出货，如何选择主力洗盘的时机对个股进行介入，及如何识别主力是真出货还是假出货真拉升等，并为大家讲解了如何在主力被套自救时参与短线跟踪主力，让大家从股票操作的各个阶段，对个股操作有一定的了解。

接下来讲述短线跟踪主力技巧。当学会基本的短线跟踪主力技巧之后，再结合前六章的内容灵活运用，一定能够大大增加投资者操作的胜率，在股市中能够立于不败之地。

第一节 事件驱动跟踪主力思路

在实盘操作中，一些个股常常会因为市场中的某些突发事件而大涨，而另一些个股却是在突发事件面前毫无上涨迹象。

当市场中出现突发事件的时候，不仅是主力布局的好时机，也是散户参与的好时机。但不是所有的事件驱动都能够让个股大涨，也不是所有利好行业中的个股都会上涨。通过本小节的学习，您将了解到事件驱动的核心，学会通过资金流验证事件驱动的可持续性，找到普通投资者的最佳介入时机。

● 事件驱动的原理

当市场中出现突发事件的时候，这些事件可能是宏观大事件，也可能是微观小事件，无论是哪一种，都会对某个行业、某个板块或某只个股产生直接或间接的影响。对于这些事件所产生的影响力的研究，就是事件驱动研究的核心。

● 事件驱动的逻辑

突发事件是事件驱动的第一个环节。在突发事件出现之后，必然会伴随着利好行业或是利好个股的出现，这个时候市场中那些比较聪明的资金，也就是专业投资者，能够通过自身的专业知识及实盘经验，判断出突发事件对于哪些行业或者个股是利好的，然后先于市场和大众资金一步，对这些受到利好的行业和个股进行布局。

当这些“聪明”资金进场之后，受到资金的推动，股价开始进入上涨行情。股价的上涨，必然会带动技术形态走好，也自然会引发技术派的跟风资金进场，股价再次受到进场资金推动，会继续保持上涨走势。其他跟风资金看到股价上涨之后，也会选择大量买入。

随着这种周而往复的资金轮动，股价上涨的幅度就会透支这个利好。当“聪明”资金发现利好已经透支的时候，就会率先离场，伴随利好的相关兑现，最后一波的跟风资金将被套在高位。

图7-1为突发利好出现后，事件驱动带动股价上涨至股价下跌的逻辑的流程及流程图。

①“聪明”资金进场带动股价上涨→②个股技术形态走好→③跟风资金进场带动股价持续上涨，透支利好预期→④

"聪明"资金离场利好兑现→⑤跟风资金被套。

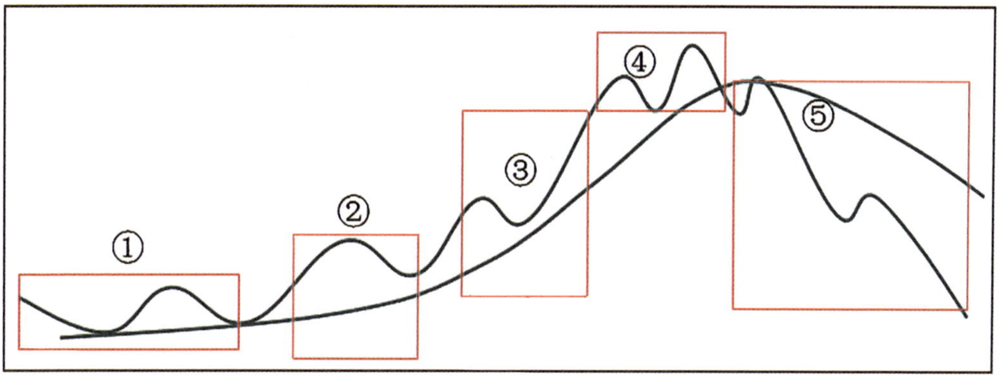

图7-1

● 事件驱动的进场点

事件驱动的流程我们已经了解了，那么作为市场中的普通投资者，应该在哪个环节参与其中，才能够实现跟踪主力盈利呢？

对于普通投资者来说，事件驱动的进场点有两个。

第一种情况就是当突发利好出来之后，跟着"聪明"资金一同介入利好行业或是利好个股当中，与"聪明"资金同步。然而这种进场的能力和机会是需要专业的知识储备和长时间的实盘操作训练的，能做到这点的，大多都是经过多年磨炼的专业投资者，普通投资者由于专业技能和实盘经验不足，很难做到这点。

第二种情况就是，运用资金流系统，监测"聪明"资金的流向，看到"聪明"资金进场之后，跟随"聪明"资金的脚步进入相关个股，通过这种方式对"聪明"资金的动向进行准确判断，并跟踪主力盈利，也是短线跟踪主力中的不错选择。

没有人天生会炒股，也没有人是天生的专业投资者。那些专业投资者，只不过是花费了更多的时间学习了专业知识，花费了更多精力了解市场，并在无数次的实盘操作成败中积累了一定的经验，才能够成就他们的专业。作为普通投资者，完全可以先通过第二种方式开始，经过一段时间的学习及实盘操作，当事件和经验积累到一定程度之后，自己就是“聪明”资金了。这个经验是教不会的，只有经历了很多轮的炒作，才能够印象深刻。

● 事件驱动的有效性

事件驱动的有效性是由“聪明”资金的进场深度和持续性决定的。如果在事件发生后，“聪明”资金在个股中并没有多少资金净流入，只流入了个股流通市值的百分之一甚至更少的时候，说明这个事件驱动是无效的。这个所谓的利好并没有得到专业投资者的认可，直接结果就是，没有大量的主力资金净流入的个股，是无法推动股价的上涨的，这种无资金的炒作并不会持续。

反之，若是在事件发生后，有大量的“聪明”资金流入的某个行业或是某只个股，流入资金占个股流通市值的百分之三甚至以上的话，说明这个事件驱动是有效的，得到了专业投资者的认可。而专业投资者为了控盘，就会花大量资金介入个股，这样的个股后期股价是会一路飙升的，上涨行情会持续。

需要大家注意的是，股价能否上涨并不是凭借个人对利好消息的判断，而是当突发事件发生后，大资金对利好是否认同。只有大资金认同且深度介入的个股，才会有持续的行情，而不是因为个人判断某个消息为利好消息，某只个股就能大涨。换句话说，股价能否上涨，不是某个人说了算，而是大资金说了算。

那如何判断大资金的进场深度和持续性呢？很简单，通过资金流系统即可，当资金流三号中显示超大单资金当日流入资金超过个股流通市值的2%时，就说明主力资金对市场中的突发事件是非常认可的。且资金的流入量之多，也足以说明资金是处于深度介入的状态。在这种情况下，作为普通投资者就可以跟随大资金进行操作了。

● 案例说明

下面将事件驱动的原理、逻辑、进场点及持续性融入个股实盘操作的案例中进行详细讲解。

案例一：泉峰汽车

图7–2为泉峰汽车的资金流实盘走势图。当出现新能源补贴的时候，这个事件是利好汽车行业的，但是汽车行业中的个股那么多，不可能每只个股都暴涨，到底应该介入哪只个股呢？

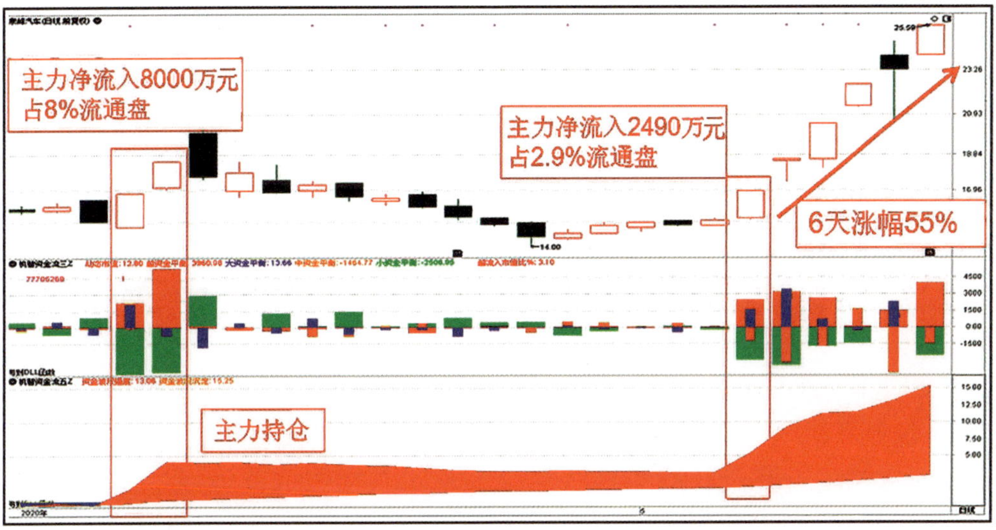

图7–2

如图所示，运用机智资金里系统不难看出，消息出来之后，主力资金在第一个红色框线标注位置出现了“上红下绿、主力资金进钱不出”的形态。主力在该阶段流入8000万元的资金，且流入资金占个股流通盘的8%之多，资金流五号也由蓝变红，说明主力资金从该阶段开始有场内持仓，这说明主力资金看好该股并深度介入。

主力资金介入该股后，并没有直接拉升股价，而是进入了长达一个月的洗盘期，股价在持续震荡的过程中，股价虽然出现回调下跌，但资金流五号一直为红色，说明主力一直持仓不动、资金没有流出。

洗盘结束后，主力在第二个红色框线标注位置再次出现资金大举净流入现象，当日的资金净流入量为2490万元，占流通盘市值的3%，加上之前在建仓期的资金流入，主力在这两个阶段流入的资金共占流通盘的11%。在主力深度控盘的情况下，股价在随后的6个交易日大幅上涨55%，利润十分可观。

案例二：金健米业

图7-3为个股金健米业的资金流图，主力在疫情开始的时候，就对这只个股进行介入，并在第一个红色框线标注的位置，资金流三号出现“上红下绿、主力资金进钱不出”的形态，资金大举流入，流入资金占流通盘市值的3%，资金流五号也由蓝变红，这说明主力资金已经有场内持仓。

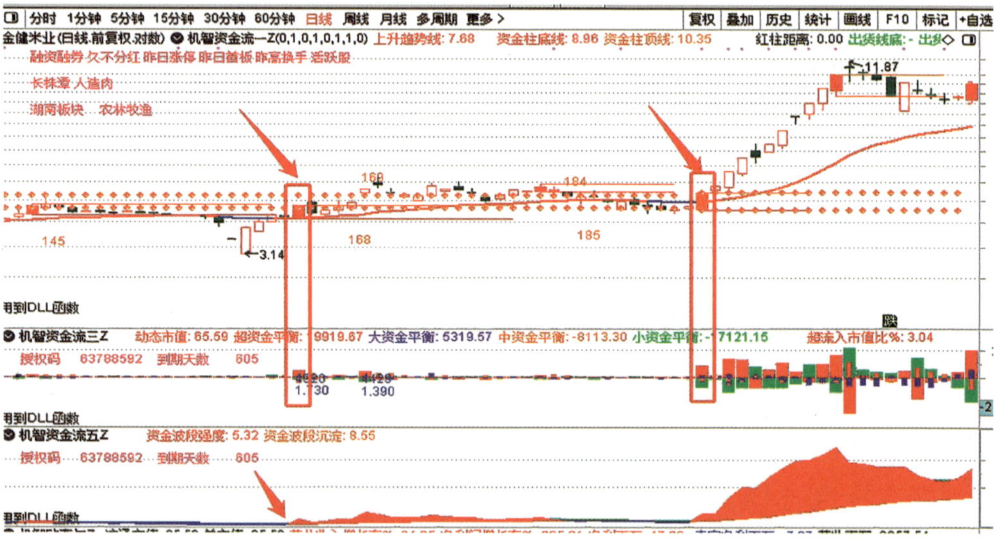

图7-3

随后主力资金开启洗盘模式，股价随后经过长期的横盘震荡，并没有多大起色，但资金流五号却一直是红色的状态，这说明主力资金处于持仓状态，资金并未流出。

随后又出蝗灾消息，粮食等内需资源受此影响，由于受到两则消息加持，主力在第二个红色框线标注的位置开始再次买入，一个交易日的时间资金大笔净流入，流入资金占流通市值的2.79%，随后主力资金开始再次大举流入，股价也开始一路飙升，在短短的11个交易日内涨幅多达134%！

这就是主力借助事件驱动疯炒概念股的案例，当利好消息出来之后，对某个行业有利好是好事，但是具体选择个股的时候，一定要选择有主力资金介入的，并且主力资金介入得越深，代表这个行业的持续性越好，未来股价上涨的可能性也就越大。作为普通投资者，如果能够运用资金流系统，结合事件驱动进场点的参与条件，在主力介入个股之后紧随主力脚步，跟着主力介入个股，后期的收益是十分可观的。

第二节　次新股连板跟踪主力技巧

大家都知道，如果能够参与到连板行情当中，收益也是十分丰厚的，所以市场中就有很多投资者喜欢做连板行情，而次新股连板跟踪主力无疑是个不错的选择。通过本小节学习您将了解到次新股炒作逻辑、掌握次新股连板跟踪主力技巧。

● 次新股炒作逻辑

老股民都知道，上市时间久的个股，即便是被多次炒作的龙头，也都是有历史套牢盘的。这个历史套牢盘在后期炒作的时候，必然会成为一个天然的压力位，主力想要拉升股价，就要对套牢盘进行妥当处理，要么盈利空间小，要么需要花大量资金来解放套牢盘。无论是上述哪种方式，主力都需要耗费大量资金、精力和时间。

新股上市由于不存在历史套牢盘和压力位，无疑给主力带来了诸多便利，所以次新股成为了天然的多头轮番炒作的对象，加之A股历来都有新股上市炒作的惯例，更加会吸引短线资金的跟风，随之形成合力。

● 次新股连板跟踪主力技巧

大家都知道，新股上市的时候可以打新。由于打新的中签率也非常低，上市后的新股，通常都会有连续几个涨停板，在涨停板又无法买入，所以只能等到新股上市后首次开板的时候对个股有所关注。新股开板的位置，就是主力和散户有机会介入个股的位置，是主力和散户在新股上市后第一次买入的机会，也就是这个位置的股价，是主力及散户等所有人的成本区。在这个位置关注主力资金净流入量，是十分重要的。

在新股上市首次开板的位置无论是散户还是主力买入，大家的成本几乎相同。在这个位置，打新成功的无论主力还是散户，都已经赚足了个股从上市到开板的丰厚利润，这个时候，不免有主力或是散户将手中的筹码抛出，盈利走人。这时就是那些没有打新成功的主力，或者本就想炒作次新股的主力介入的最佳时机。

所以，在新股上市首次开板的位置一旦出现前文中提到的主力换庄（原主力资金获利出局，新主力资金介入）的情况，就能够通过资金流系统看到主力在这天拿到多少筹码。如果主力当天有大量资金流入，且单日换庄资金过总流通盘的3%以上，或累积超过流通盘的8%，则视为短线换庄成功。一旦换庄成功，就说明主力想要通过炒作次新股的方式获利，后期必然会利用自身各项优势来拉升股价。这种主力炒作次新股的方式，普通投资者也可以跟踪主力操作盈利。

那么作为普通投资者，在主力炒作次新股的时候跟踪主力盈利的技巧是什么呢?

技巧就是，主力换庄成功后，在股价接近主力成本区附近对个股进行低吸，或者在股价不高于主力成本区3%的范围内追涨。需要注意的就是，不要动用手中过多的资金，拿手中可利用资金的10%进行操作就好。因为次新股连板本身就是以小博大，就算是10%的资金，如果运用得当，后期利润的比例也会很高的。就算技术不熟练，也不会亏损多少资金；反之若是技术不熟练，没有做好的话，即便拿出100%的资金也不见得盈利，万一遭遇套牢盘反而会亏损更多，所以建议只动用10%的仓位进行次新股短线跟踪主力操作即可。

下面通过沃尔德在2019年7月22日至2019年8月14日的股价走势，对次新股连板进行详细讲解。

如图7–4所示，红色框线标注位置为沃尔德刚上市阶段，主力在短短四个交易日内净流入资金就达1亿元之多，占个股流通盘市值的4.5%，资金流三号也出现了“上红下绿、主力资金进钱不出”的形态，这说明主力资金一直在收集筹码，且资金流五号也开始由蓝变红，这说明主力资金开始从无场内持仓到有场内持仓。

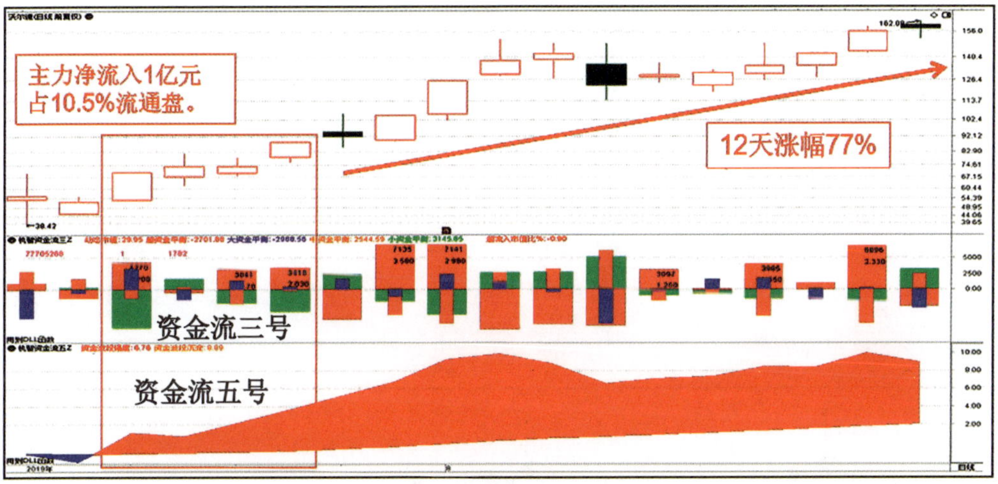

图7–4

主力资金如此大规模地搜集筹码，为的就是达到一定程度的控盘后，对次新股进行炒作。主力更是在红色框线标注的短短四个交易日内资金大举流入，净流入资金占流通盘的10.5%之多。作为普通散户，看到主力资金的这个行为之后，自然是要选择好介入时机跟踪主力盈利的。

从图中我们不难看出，在主力资金大举流入之后，股价随之上涨，12个交易日内涨幅高达77%。若是散户能够看懂主力炒作次新股的逻辑和技巧，并能够选择恰当时机跟踪主力介入，那么后期的收益也是十分令人满意的。

能够识别次新股换庄行为并能够跟踪主力盈利后，接下来就是止损和止盈的问题了。次新股炒作也是有止损条件和止盈条件的，只说赚钱技巧还不够，加上风险控制才可保证万无一失。

● 次新股止损条件

主力不是在每一次布局中都能够成功获利出局，市场是个万变的市场，股价也会受到各方面因素的影响而起伏不定，所以一旦出现主力难以控盘或者无法实现既定操作计划的时候，主力也会果断地止损出局。作为普通投资者的我们，在主力都已经止损出局的情况下，一定要跟着主力同进同退，主力止损的时候千万不要犹豫，不要抱着“侥幸”的心理死扛，否则很容易出现被套牢的情况。

如图7-5所示，如果股价跌破主力成本区1%的时候，一定要无条件止损出局。毕竟作为普通投资者，我们的资金量本来就是有限的，适时止损不仅能够帮助我们保住本金，而且还能够让我们摆正心态，从而保证后期交易无后顾之忧。

图7-5

● 次新股止盈条件

很多投资者在炒股的时候，很重视风险控制，也能够将风险控制做得很好，然而大部分人都不太重视止盈，不懂得适可而止，经常会由于“贪婪”，想要卖得更高最终反而是在股价回调很多之后才卖出，只盈利了一段；更有甚者会因为这种“贪婪”的心理，将本该盈利很多的票，最终等到股价一路下跌，亏损割肉卖出。

止盈和止损同样重要，只有知道了从何处止盈，才能赚取相对高额的利润，才能够不会因为人性贪婪的弱点，而导致最终亏损出局。次新股跟踪主力盈利的止盈条件是如何判断的呢？

当主力将股价拉升到一定高位、达到主力获利预期之后，主力资金会开始着手出货。一旦主力出货，资金流三号就会出现“上绿下红、主力出货”的形态，资金流五号也会出现红色减少甚至由红变蓝的情况，说明主力资金大举流出，主力在出货，持仓也在减少甚至从有仓位变成无仓位。这个时候就是出货的时机了，只要出现这种情况，一定要跟随主力出货，无条件清仓出局。

通过本小节的学习，大家已经了解了次新股炒作的逻辑，能够明白次新股炒作的风险，并学会了次新股止损条件及止盈条件，对次新股连板跟踪主力技巧已经能够熟练掌握了，若在实盘操作中能够灵活运用，后期定将有不错的收益。尤其是当主力资金对次新股进行连板炒作的时候，收益更将十分丰厚。作为普通投资者，能够跟着主力赚取次新股连板炒作的利润的话，是一件令人十分开心的事情。

第三节 中线波段跟踪主力技巧

股市中流传着这样一句话“短线是银，长线是金，波段是钻石”。从投资收益的角度出发，更适合股民的并不是短线，而是中线波段。为什么这么说呢？因为短线虽然刺激好玩，但并不适合所有的股民，一些年纪大的或者时间不充裕的上班族，是没有办法做到每天复盘、分析热点、选股，并在交易时间去盯盘操作的。对于这些股民朋友来说，中线波段的跟踪主力可能更适合。

上一小节讲述了次新股连板的跟踪主力技巧，然而只是了解短线跟踪主力技巧还不够，不是所有人都喜欢做短线或者是超短线的，市场中的很多人喜欢做中线波段操作，中线波炒股作也可以进行跟踪主力操作。本小节将为大家讲解中线波段操作的跟踪主力技巧，通过本小节的学习，将了解到如何跟随主力走完一个完整的建仓、洗盘、拉升、出货过程，从中获取中线波段收益的技巧。

● 中线波段选股技巧

中线波段的选股技巧和短线跟踪主力的选股技巧其实是一样的。首先一定要是主线行业，也就是说要去寻找一些符合国家政策、前景良好的行业作为重点，再从主线行业中去寻找适合的个股，这样才非常容易跑赢市场、跑赢大盘。只要找对了主线行业，即便不懂个股选择的技术和条件，买行业的ETF指数基金，也基本可以跑赢大盘。

除了主线行业这个选股条件外，股价也是十分重要的选股条件之一。在主线行业中，选择股价处于低位或者平台的个股。当个股的股价处于相对低位或平台的时候，比较容易受到主力资金的追捧。因为处在低位或平台的股价，下方是有支撑的，风险较小，且处于低价的个股，后期的获利空间也很大。

除了上面讲的两点外，流通盘市值也是波段跟踪主力选股的重要条件之一。通常流通盘市值在30亿~100亿元左右的个股颇受主力青睐，因为盘子适中比较适合短线介入。盘子太大会因为资金量不足而难以拉升股价，短线的主力资金难以操控，而盘子太小的股票，由于没有足够的对手盘，给主力吸筹和出货大大增加了难度。

能够拉升股价的资金就是主力资金了。所以一只个股中，是否有大量的主力资金流入，是波段选股的必要条件之一，如果在个股中没有主力资金大量流入，个股是很难有上涨的可能的，主力资金进钱不出是很关键的。

有时候并不是说主力资金大量流入，主力进钱不出的股票就一定会上涨，也会出现主力进钱不出但股票迟迟不涨的情况。这是因为在选股的时候，大家只能通过一些表面现象看到了主力资金在流入，却并没有注意到主力资金的仓位是多是少。换句话说，如果主力资金的仓位较少，资金今天流入，第二天就立马流出，或者主力只是拿了筹码去挖坑，实际上并没有多少仓位，这样的现象也是常见的。所以一定要了解主力的持仓情况。通过资金流五号即可轻松分辨，若资金流五号为红色，则说明有主力场内持仓。

当个股满足了上文中的几个条件，且有了主力资金的推动，也不见得股价就一定会涨，还要看是否有阻力，看前期是否有套牢盘。如果个股在前期高点有几亿元资金的套牢盘，就算是有主力资金流入做推动，短期内涨上去了，但股价一旦达到前期套牢盘位置，就会出现抛盘现象。套牢盘是天生的空头，一旦达到解套价格，定会毫不犹豫地卖出自己手中的筹码。换句话说，只要套牢盘不解决，主力都很难进行股价拉升。所以前期无套牢盘也很关键。

商誉占比是上市公司进行并购而产生的。一个上市公司如果自身的主营业务做得特别好的话，是不会进行很多并购的。反之，越是主营业务做得不好、遇到瓶颈的企业，才越会去选择并购的方式来寻求新的出路。这是因为凭借公司自身的主营业务已经难以维持公司正常运转了，只能通过并购新业务的方式来试图突破瓶颈，维持公司运转，所以商誉占比高的股票需要排除。

股权质押是指上市公司把股权质押给银行，从而去获得现金流。也就是说，通过质押股权的方式来获得一定的资金，用来维持公司的资金周转。大家试想一下，若公司经营得比较好，资金流比较充裕，这样的公司必定无须找银行融资，只有公司经营不善，导致资金无法周转，才会选择提前把风险转嫁给银行和普通投资者。所以股权质押高的股票也是需要排除的。

以上选股技巧既符合短线炒股条件，又符合波段选股条件，二者之间的区别之处就在于持股周期和获利预期的不同。很多股民感觉短线炒股应该比波段或者长线炒股的利润高，其实不然，短线炒股周期短，利润较之波段和长线炒股的利润也少很多，而波段炒股需要相对较长的持股周期，利润是十分丰厚的，故而股市中才有“短线是银，长线是金，波段是钻石”这一说法。

● 中线波段盈利关键

波段炒股并不是说随便买一只个股，只要持股不动一段时间就能够获利出局，也是需要一定的操作技巧的，而波段炒股的盈利关键有以下三点：

1. 必须要识别主力的行为

想要跟踪主力盈利，就一定要能够识别主力的行为，只有能够识别主力行为，十分清楚地了解主力从建仓、洗盘、拉升到出货的全部过程，掌握主力操作手法，抓住最佳介入时机和最佳离场时机，才能够真正地实现跟踪主力盈利。

这里必须要掌握的知识点就是：要能够看得出来主力进钱不出，能够分辨主力持仓高，且要能够看得懂主力出货和主力清仓。

2. 一定要有合理的收益预期

炒股想要盈利，就一定要有交易计划，也一定要有合理的收益预期，如果收益预期过低，很容易将股票“卖飞”，造成盈利过少而后悔不已的后果。反之，如果收益预期过高，则很容易由于贪婪而错失了个股的最佳卖点，结果收益反而减少甚至反盈为亏。

短线跟踪主力的收益预期在8%~10%左右，是小利润高频次，周期也相对较短。但是中线波段的收益预期就不是8%~10%左右的小利润了，而是抓总波段的50%~70%利润，这才是中线波段的收益预期。

需要注意的是，无论是短线跟踪主力还是中线波段的炒股收益预期都不是百分之百的。也就是说，如果某只个股的股价翻了一倍，普通投资者的收益预期应该是占个股总利润的50%~70%，若是个股股价翻了两倍，收益预期应该占个股总利润的100%~130%。这才是普通投资者跟踪主力盈利的正常收益预期。如果收益预期太高，风险会比较大，就算是主力也不会赚取股价上涨的100%的利润，炒股不要太贪心，做好风险控制保证稳健收益才是关键。

3. 要有1~3个月的持股耐心

很多A股市场中的投资者都喜欢“追涨杀跌”，尤其是在股价下跌的时候最为明显，只要股价下跌到介入的成本区后，很容易出现焦虑、担心等心理，害怕股价再次下跌带来的亏损，稍有风吹草动就忍不住想卖出，而当看到股价上涨的时候也是一样，忍不住想追涨，很容易高位接盘。

A股市场中并不缺少频繁交易的投资者，而这样的投资者，是无法进行波段炒股的，因为做波段炒股，至少需要1~3个月的持股耐心，这也是做中线波段的关键因素之一。频繁交易对于波段操作来说，真的会让投资者错失良机。

中线波段高抛低吸、止盈、清仓技巧

中线波段也是有高抛低吸、止盈、清仓等技巧的。当主力跌回成本区的时候低吸买入，股价拉升到高位的时候卖出，当资金流五号呈现蓝色，且资金流三号出现“上绿下红、主力出货”的现象时，说明主力已经出货，且无场内持仓，这个时候就要跟随主力清仓。当股价跌破主线趋势走坏的时候，即可取消对该个股的关注。

● **案例说明**

下面代入几只个股的实盘操作进行具体案例分析。

案例一：星期六

图7–6是一只网红概念股，该股的中线波段策略是怎样的呢？

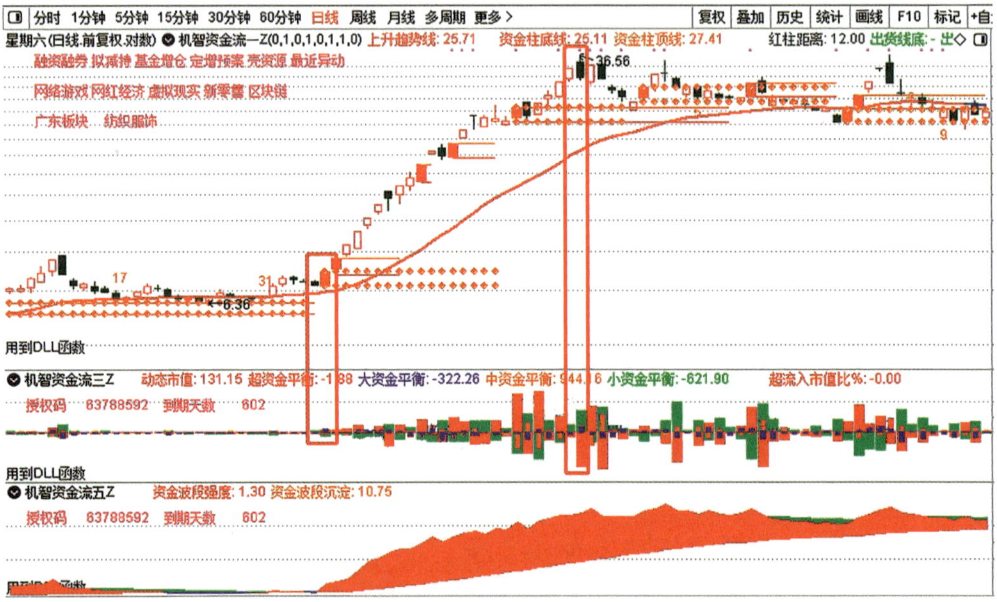

图7–6

首先要明白一件事，无论做短线还是做中线波段，这只股票的买点都是相同的，主力资金都是在股价处于3~15元的低位买入，且流通盘市值处于30亿~100亿元之间，属于热门行业。从资金流三号可以看出，主力资金进钱不出，且资金流五号为红色，说明主力有仓位，而且十大股东里也没有公募基金和大的私募，这样的股票就比较容易受到短线资金的追捧。作为普通投资者的我们，跟着主力资金进场、离场操作就好。以上是短线选股和买卖的操作，那么中线怎么做呢？

短线和中线的选股条件大抵相同，而中线波段只是在短线基础上加上仓位管理。在短线操作中若是遇到股价下跌，主力资金和短线跟踪主力的普通投资者都是将手中的个股全部清仓卖出，而中线波段的仓位管理方法却不同，中线波段操作中遇到股价下跌时，主力资金只卖掉仓位的一部分，待股价回到主力成本区之后再买回来，而不是一次性将仓位都卖掉。

中线波段有两个清仓的标准，第一个就是，如果资金流五号从红色变成蓝色，则无条件清仓。因为当资金流五号为蓝色时，说明主力已经将自己的仓位清空了，个股已经失去了大资金的推动力，后期价格大概率是很难走出上涨行情的。就算此时的趋势暂时还没有走坏，也要跟随主力将仓位清空，等待主力资金介入之后再买回来。记住，跟踪主力的核心就是不预测，而是跟着主力进行相应操作，不要自作聪明地预测股价的走势。

中线波段的第二个清仓标准就是持仓保护线。持仓保护线是资金流一号的数据指标，也就是图7-6中K线下面显示的红色线，如果股价不跌破这条红色线，一路持有个股就可以了。在持有过程中，可以利用资金流去做高抛低吸的短线操作，但是做短线是很容易被主力资金戏耍的，很容易遇到主力资金当天卖得很多，但转天又有新的主力资金接盘，股价再次拉升的情况出现。并不是说卖点不对，只是谁都无法预测是否有新的主力再次接了原主力手中的筹码，进行股价二次拉升，毕竟市场是千变万化的，也是很现实的。

所以说，做短线有短线的乐趣，但是也有做短线的弊端。做中线就不会有错过股价二次拉升的问题，只需要跟着主力买卖，在股价没有跌破红色持仓保护线的位置，一直持有该股，将有十分丰厚的收益。

就如星期六这只个股，主力在持仓线为红色的时候买进，蓝色的时候卖出，最大收益为400%，运用这套波段跟踪主力战法，就算是普通投资者，也可以获利200%之多！虽然不能拿到最大收益，但是作为普通投资者，200%的收益，想必也是一年也很难达到的利润！

案例二：大北农

图7–7，大北农属于农林牧渔板块，属于主线行业，图中第一个红色框线标注位置为主力资金开始介入个股、进行建仓的位置。从图中我们可以看出，主力资金流入之后，股价上涨，但由于是连续的一字板涨停，比较极端，故而没有买入的机会，主力将股价拉到高位之后开始出货，股价也开始出现下跌。在股价下跌之后，主力并没有将仓位清空，资金流五号为红色，说明主力依然有场内持仓。

图7–7

从图中我们可以看出，主力在第二个红色框线标注的位置，资金再次大举流入，净流入资金达7亿多元。资金流入之后，股价开始出现调整，主力资金进钱不出，且主力一直有场内持仓，K线下方的仓位保护线一直为红色，这样的股票就可以选择做波段操作，一直持有。当资金流五号由红变蓝，仓位保护线由红变蓝时，说明主力清仓，这个时候就需要清仓出局了。从图中我们也可看出，从第二个红色框线标注位置开始，到主力出货的位置一直持有股票，也可获取20%~30%的利润。

第四节　龙头股轮动套利

深康佳A、道恩股份、航天长峰、星期六、中潜股份、金健米业、容大感光、轴研科技、华盛昌等是市场中的热点龙头股。不少股民对这些个股中的一只甚至几只应该非常熟悉，它们的共同特征就是股价在一个月内翻一倍甚至更多。那么这些龙头股本身的共同特征是什么呢？具体如何把握这些龙头股的套利机会呢？

接下来讲解龙头股套利原则、进场时机、炒作规律，以及掌握“龙二”(二次拉升的龙头股)的选股条件。

● 龙头股套利原理

想要介入主力炒作的龙头股盈利，首先要了解龙头股的套利原则。

将龙头股轮动套利想象成N×100接力跑，将一线龙头股想象成站在起跑线上的运动员。在板块启动的初期，第一个连板的股票通常是一线龙头股(这里简称“龙一”)，也是这场接力赛的第一棒；当一线龙头跑得差不多了也就是一线龙头的主力已经开始获利出局后，“龙二”接力；当“龙二”经过一段时期的炒作，主力获利出货之后，“龙三”接力。以此类推，但最终到底N是几，要看题材本身的强度、事件发酵的程度以及主力资金进场的深度。

如果个股本身的题材强度较弱，且主力资金进场的深度不足，那么很有可能主力在炒完“龙一”和“龙二”之后，时间已经发酵得差不多了，这个时候主力便不会再考虑去花更多的资金量去炒作一个题材接近尾声且股价的获利空间也很小的个股。反之如果个股本身的题材很强，且主力资金大量进场，在主力炒作“龙一”、“龙二”之后，题材依然处于发酵期，而这个时候题材相关个股后期的获利空间依然还是很大时，就会有新的主力来进行题材相关个股的再次炒作(图7-8)。

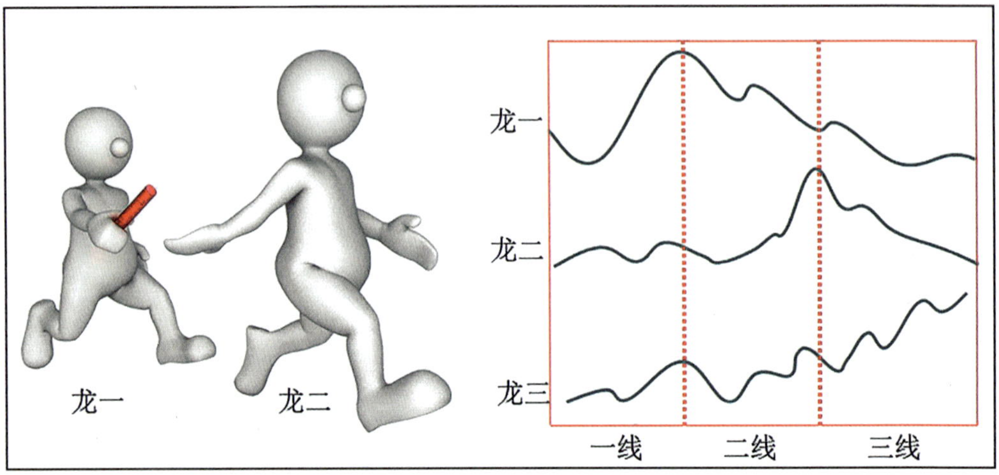

图7-8

● **龙头股进场时机**

明白了龙头股的套利原则之后，接下来就要了解一下哪里才是比较适合普通投资者介入龙头股的最佳进场时机——进场时机是决定盈利与否的关键因素之一。

前面讲过主线行业的判断方法，能够分辨哪些行业是主线行业，自然能够了解主线行业中的题材。也就是说，龙头股的题材是可以预判的，但是一线龙头股却很难预判。因为一线龙头股不仅需要对题材的反馈力度、获利空间的高度有一定的了解，更需要了解主力对题材的认可度、主力的介入深度以及题材的持续力等。上述这些需要掌握的信息，是需要出现了一线龙头股之后才能够确定的。

机构投资者能够凭借其自身的优势对上述关键信息稍做预测，或许能够在一线龙头股上斩获不错的收益。但对于普通投资者来说，如果盲目、主观地预测个股关键信息，很容易在追龙头股上亏大钱，所以并不建议普通投资者把精力放在预测哪只个股是一线龙头上，而是建议等待龙一出现之后，好好挖股价低、业绩好、题材正、盘子小、主力又刚刚入手的“龙二”们。

这是因为，无论是题材的反馈力度、持续力，还是主力对题材的认可度、主力资金的介入深度，股价的获利空间，都在“龙一”出现之后变得一目了然了。也就是说，“龙一”给“龙二”做出了很好的示范效应，并且按照题材衰减程度，基本可以估算出“龙二”的空间与持续力。最重要的一点就是“龙二”大多都是低价股，就算不慎判断失误，最多也就是亏小钱，不会亏大钱；反之如果判断对了，那么获利将十分丰厚。这种小亏损博大利润的方法，还是十分值得一试的。

龙头股跟踪主力是短线跟踪主力的高阶技术，赵老哥的8年1万倍就是靠的这个思路。无论是哪种技术，都是需要积累经验的，如果作为龙头跟踪主力的初学者，上来就挑战最高难度的“龙一”，不亚于还没学会走就想跑了。所以很容易没等你练成神功，自己的资金就亏没了。所以建议投资者们如果是初学的话，一定不要想着炒作一线龙头，退而求其次，先学会龙头二波的跟踪主力策略，累积经验，虽然做龙头二波的跟踪主力盈利会比“龙一”赚得少一些，但是贵在安全、稳健，待到经验丰富之后再考虑进阶一线龙头的跟踪主力操作。市场中从来不缺机会，但机会永远都会给到准备好了的人手里。

● 龙头股的炒作规律

龙头股的炒作是有一定的规律的，要明白一鼓作气、再而衰、三而竭的道理。龙头股的炒作，无论在时间上或者空间上，也都是遵循这个规律的。龙头股涨幅的衰减度可以参考100%、50%、30%这个系数。也就是说，如果“龙一”的股价涨幅空间为100%的话，那么“龙二”的股价涨幅空间预估为50%以下，而“龙三”的股价涨幅空间预估为30%以下。

市场中自然会出现很多“龙二”比“龙一”更为强劲的情况，而到底是“龙一”强劲还是“龙二”强劲，主要是看主力的获利情况等因素。如果主力在“龙一”上获得的利润很多，通常“龙二”就会很难走出超预期的行情。反之，如果“龙一”是大盘股，对主力来说，炒作的难度系数很大，主力一般会将“龙一”作为标杆，通过自身的优势将“龙一”的形态做得很漂亮，在维护住“龙一”趋势的情况下，把主要的资金和精力都放在绩优小盘的“龙二”上进行炒作获利。换句话说，主力其实是在拿“龙一”做掩护，实际炒的却是“龙二”。

虽然有很多炒作“龙二”的情况发生，但是却很少有爆炒“龙三”的情况，因为“龙一”和“龙二”是题材发酵的最佳时期，所以主力在选择个股的时候，一定是趁着题材发酵选择最正统的概念股来进行炒作。如果“龙一”和“龙二”都很难炒作起来、很难将股价拉升到高位获利，那么待到题材已经开始慢慢冷却的时候，作为“龙三”波想要将股价炒到高位就更是难上加难了。

● 龙二选股条件

当某个板块概念起来之后，出现龙头一波，在个股“龙一”被主力炒作之后，如果“龙一”是大盘股，无论是行业板块还是主力资金介入深度都比较强，那么后面一定会伴随龙头二波的来临，所以这个时候，一定要寻找龙头二波个股来进行跟踪主力获利的操作。

“龙二”和“龙一”要在同一行业板块，在板块里面寻找那些价格处于低位、流通市值小、业绩良好且有主力资金刚刚进场的股票进行跟踪主力操作，其实“龙二”的选股条件与短线跟踪主力的选股条件是一样的。

● **案例说明：航天长峰**

图7–9为航天长峰股价走势的资金流指标图。

图7–9

航天长峰为典型的主力炒作龙头二波的个股，而“龙一”是同板块里面的鱼跃医疗和迈瑞医疗。由于当时受到疫情影响，呼吸机概念火爆，主力开始对迈瑞医疗进行炒作。在主力的操作之下，迈瑞医疗最终走出均线多头的行情，维护住了一个非常漂亮的多头形态。但由于迈瑞医疗的动态市值为3441亿元，这个市值可以说非常大了，主力很难达到控盘水平，想要拉升迈瑞医疗的股价难度系数太大，很难在该股上做文章，故而主力将具有标志性的一线龙头迈瑞医疗维护住之后，接下来用主要的资金和实力操作二线龙头航天长峰。

航天长峰满足了热点板块、股价处于低位、流通市值适中、业绩良好等各项选股条件，所以主力选择了航天长峰作为“龙二”进行炒作。从图中不难看出，当主力资金大举介入后，航天长峰的股价开始一路飙升，在很短的时间内获利可达2~3倍之多。当主力获利达到甚至超出预期之后，再将手中筹码抛售出局。

想必很多投资者对这个利润都是十分满意的吧？这就是龙头股轮动套利的神奇之处。相信大家在掌握了本小节的内容并积累一定的实盘经验之后，也一定会有令人满意的收益的！

● 能力测试

一、单选题

1、下列关于事件驱动，说法正确的是（ ）

A. 只有突发宏观大事件，才会对某个相关行业板块产生影响

B. 只有突发微观小事件，才会对某个相关行业板块产生影响

C. 无论宏观大事件还是微观小事件，都会对某个相关行业板块产生影响

D. 无论宏观大事件还是微观小事件，都不会对相关行业板块产生影响

2、事件驱动流程正确的是（ ）

A. 突发利好→跟风资金进场拉动股价上涨→个股形态走好→“聪明”资金进场股价持续上涨，透支利好→“聪明”资金离场利好兑现→跟风资金被套

B. 突发利好→跟风资金进场拉动股价上涨→个股形态走好→“聪明”资金进场股价持续上涨，透支利好→跟风资金离场利好兑现→“聪明”资金被套

C. 突发利好→“聪明”资金进场拉动股价上涨→个股形态走好→跟风资金进场股价持续上涨，透支利好→“聪明”资金离场利好兑现→跟风资金被套

D. 突发利好→“聪明”资金进场拉动股价上涨→个股形态走好→跟风资金进场股价持续上涨，透支利好→跟风资金离

场利好兑现→“聪明”资金被套

3、以下关于股价能否上涨的说法中正确的是（　）

A. 股价能否上涨是凭借个人对利好消息的判断

B. 股价能否上涨是凭借大资金对利好是否认同

C. 只要大资金认同的个股，股价都可上涨

D. 只要突发事件发生后，相关行业个股股价都可上涨

4、如何判断大资金的进场深度和持续性（　）

A. 通过资金流系统

B. 通过股价上涨幅度

C. 通过散户介入的程度

D. 通过成交量

5、以下哪种次新股炒作的情况下，普通投资者可跟踪主力操作盈利（　）

A. 新股上市首次开板的位置出现更换主力成功的情况

B. 新股上市首次开板的位置没有更换主力的情况

C. 新股上市后散户资金大量介入更换的情况

D. 新股上市首次开板的位置出现更换主力成功，且股价再次拉升到高位的情况

6、以下关于次新股止损条件，说法正确的是（　）

A. 主力止损出局的情况下，进行低吸介入

B. 更换主力失败的情况下，进行低吸介入

C. 更换主力止损出局的情况下，跟着主力同进退

D. 更换主力成功介入的情况下，止损出局

7、一下关于次新股止盈条件，说法正确的是（　）

A. 当资金流三号出现“上绿下红，主力出货”的形态时，跟着主力出货

B. 当资金流三号出现“上红下绿，主力出货”的形态时，跟着主力出货

C. 当资金流五号出现“由红变蓝”的形态时，跟着主力资金

介入

D. 当资金流五号出现“由蓝变红”的形态时，跟着主力出货

8、适合普通投资者的龙头股的最佳进场时机是（ ）

A. 利好消息出现之后，主管预测个股关键信息，对个股进行介入

B. 利好消息出现之后，大家买什么就跟着买什么

C. 等待“龙一”出现之后，主观预测个股关键信息，对个股进行介入

D. 等待“龙一”出现之后，挖掘市场中股价低、业绩好、提财正、流通盘适中且主力刚好介入的个股进行介入

二、多选题

1、事件驱动的进场点有哪些？（ ）

A. 突发利好出现后，跟着“聪明”资金一同介入利好行业或个股，与“聪明”资金同步

B. 突发利好出现后，运用资金流系统，看到“聪明”资金进场之后，跟随“聪明”资金进场

C. 突发利好出现后，“聪明”资金介入，待到股价拉高之后，再进场

D. 突发利好出现后，直接介入行业或个股，无须看“聪明”资金是否介入

2、以下关于事件驱动有效性的说法中，正确的是（ ）

A. 事件驱动是具有有效性的

B. 事件驱动没有有效性

C. 事件驱动的有效性是由“聪明”资金的进场深度和持续性决定的

D. 时间驱动的有效性是由散户资金的进场深度和持续性决定的

3、关于次新股炒作，以下说法正确的是（ ）

A. 次新股无历史压力位，但是有一定的炒作风险

B. 次新股炒作实际上是市场中多维各路游资机构的一个博弈

C. 普通投资者不太适合参与这种次新股的炒作，因为风险比较大

D. 普通投资者因为不适合次新股炒作，所以不能参与

4、中线波段盈利的关键有哪些？（ ）

A. 必须要识别主力的行为

B. 一定要有合理的收益预期

C. 要有1~3个月的持股耐心

D. 频繁交易

5、以下符合龙头二波选股条件的有（ ）

A. 在龙一所在的行业板块中寻找龙头二波个股

B. 寻找价格处于低位、流通市值适中的个股

C. 寻找业绩良好且有主力资金刚刚进场的个股进行跟踪主力

D. 寻找业绩良好的个股等待股价拉升

三、思考题

1、普通投资者在主力炒作次新股的时候，跟踪主力盈利的技巧是什么？

2、中线波段的选股技巧及应规避的风险有哪些？

3、请说明龙头股的套利原理。

4、请说明龙头股的炒作规律。

参考答案

单选题

1. C　2. C　3. B　4. A　5. A　6. C　7. A　8. D

多选题

1. AB　2. AC　3. ABC　4. ABC　5. ABC

思考题

略(参见本章有关知识点）

第八章　影响短线炒股的因素

除了主线行业、股价处于低位、流通盘市值等短线跟踪主力选股条件外，其实还有两大因素对短线炒股有着重要影响：一个是个股的业绩，很多人无论做短线跟踪主力还是中线波段，都会研究个股的基本面，看个股所属公司的主营业务的业绩如何。另外一个则是大盘，大多数股民都会在收盘之后，通过各种技术分析等对当天的行情进行复盘。

本章将为大家讲解业绩好坏及大盘环境对短线炒作的影响。

第一节　业绩好坏对短线炒作的影响

业绩对于个股能否上涨及涨幅空间的影响十分重要，不仅对中长线炒股有影响，对短线炒作也有一定的影响。在进行个股选择的时候，都要对个股的基本面方面做一定的功课。

业绩好的个股，即便在短线炒作中，也会起到一个很好的支撑作用，而业绩差的个股对短线炒作也会有不良影响。

● 业绩好坏对个股上涨空间的影响

业绩好坏对个股上涨空间的影响很大，如果对业绩好的股票进行短线跟踪主力操作，叠加上概念炒作，通常个股的上涨空间是大于50%的，而业绩差的个股进行短线炒作，就算结合概念，个股的上涨空间也是小于50%的，通常20%~30%居多。

- **无业绩支撑的炒作路径**

没有业绩支撑的个股，炒作路径通常是游资炒作之后，直接将筹码出售给散户，因为散户很多人不看业绩，也看不懂业绩，所以会忽视业绩对个股的影响，看到股价上涨之后就会跟随“追涨”的心理而买入个股。

这样的个股通常只能炒作一次，没有二次炒作，因为筹码已经在散户手里了，散户无论是资金还是资源方面，都没有优势，无法通过自己的力量对个股的价格进行二次拉升。如果没有在第一次炒作的时候进行跟踪主力盈利，就很难在后期有介入的机会。换句话说，如果后期介入的话，就是在接盘，最终将面临被套的危险。

- **有业绩支撑的炒作路径**

有业绩支撑的个股，炒作路径通常是游资炒作之后，将筹码出给公募或者给其他的大资金继续炒。只要这只股票的业绩足够好，它的想象空间就会比较大，股价上涨空间也会很大，它的炒作路径就不只是给散户了，也有机会给其他游资机构。

所以此类股票进行二次炒作的概率较大，因为筹码在游资手里，游资无论是资金实力还是资源渠道，都要比普通散户大有优势。个股良好的业绩叠加概念炒作，如果概念的持续性强，股价很容易一路飙升，对这样的个股进行短线跟踪主力操作，利润十分可观。

- **机智欧奈尔**

由于涉及业绩，我们借用一个辅助工具——机智欧奈尔系统。该系统为量化估值系统，能够让投资者很直观地看到上市公司的主营业务和每股的收益情况，主营业务和每股收益是构成公司业绩里最重要也最直观的环节。

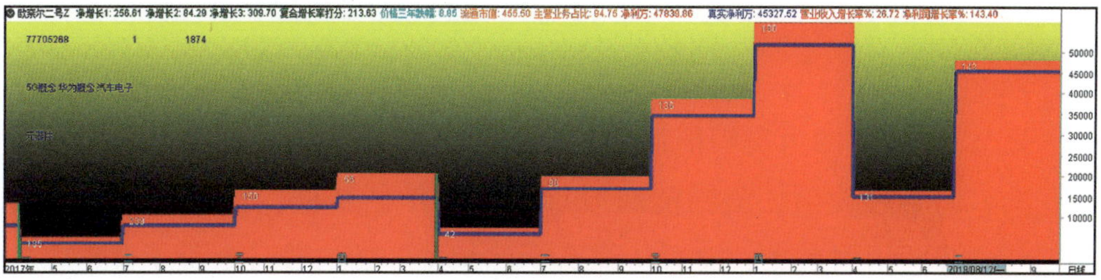

图8-1

图8-1为机智欧奈尔系统图，图中红柱代表每股收益（含一次性收益）、蓝线代表主营业务占每股收益的比重、汉字“一、二、三、四”代表第几季度，数字代表同比增长幅度，绿线代表的是第四季度结束，也就是年度线。（单位：%）

细心的读者可能发现了这样一个问题，为什么是主营业务的收益，而不是净利润，净利润与主营业务收益有何区别呢？

净利润代表上市公司的总利润，其中也包含了不可持续的一次性收益（如卖房产、减持股票、转让股权等），这些收益不会持续带动的业绩增长；而主营业务收益是可持续的，反映上市公司真实的经营情况。所以看业绩尽量看主营业务收益，而不是只看一次性收益或收益总额。

图8-2

● **案例说明**

下面通过案例讲解的方式，具体分析一下业绩好坏对短线炒作的影响。

案例一：美锦能源

图8-3为美锦能源股价走势的机智欧奈尔指标图，从图中我们不难看出，美锦能源股价连续两年创新低，主营业务收入连续两年创新高，随后从箭头标注位置开始，股价上涨了468%。

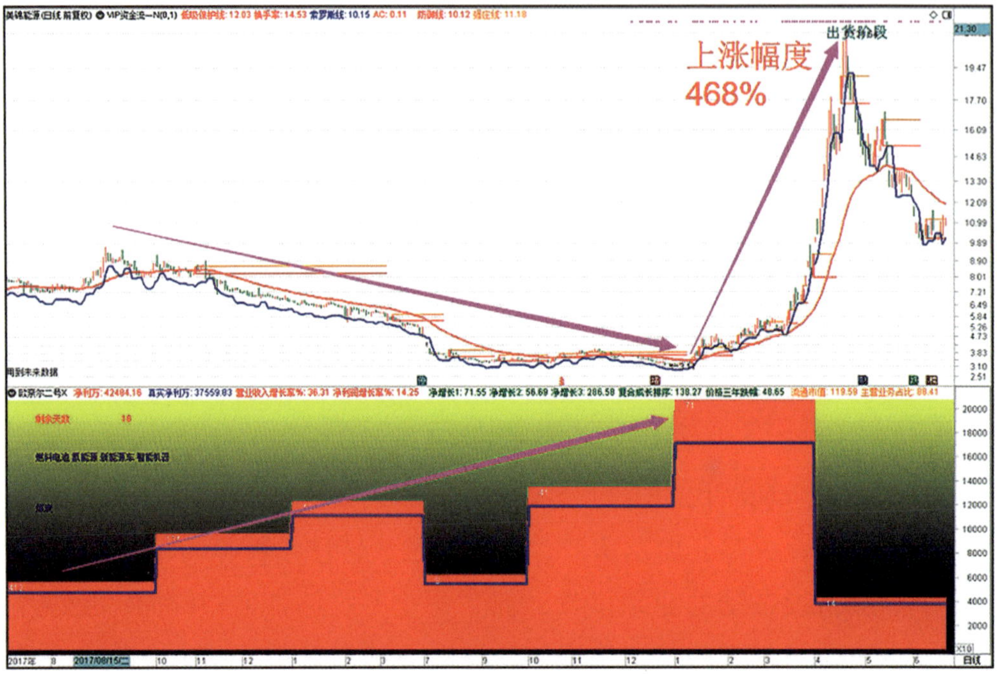

图8-3

美锦能源之所以股价能够涨这么多，就是因为主力看中了这只个股，对其进行了炒作，因为该股的业绩特别好，而股价却特别低，这样的个股就属于被市场严重低估的个股。这样的股票一旦被主力发现并进行炒作后，往往是一波主力介入、获利离场之后，另外一波主力再接，主力会对这只看好的个股进行轮番炒作，游资炒完公募炒，所以股价的上涨空间才会如此大。

案例二：康强电子

图8-4为康强电子股价走势的机智欧奈尔图。从图中可以看出，股价连续三年创新低，且主营业务收入连续三年创新高，这就是被市场严重低估的个股。主力发现该股并决定对其进行炒作后，股价开启了上涨行情，最大涨幅达到了247%之多，翻了两三倍。

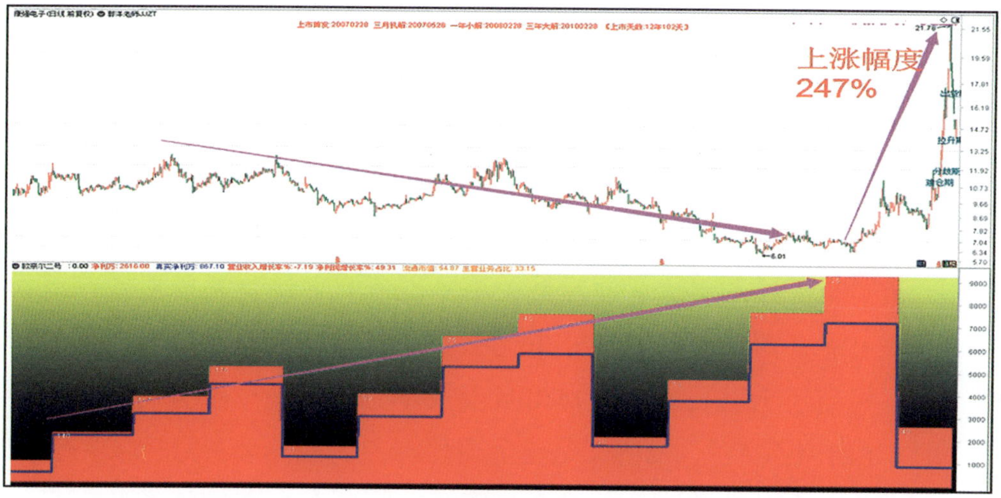

图8-4

案例三：宝鼎科技

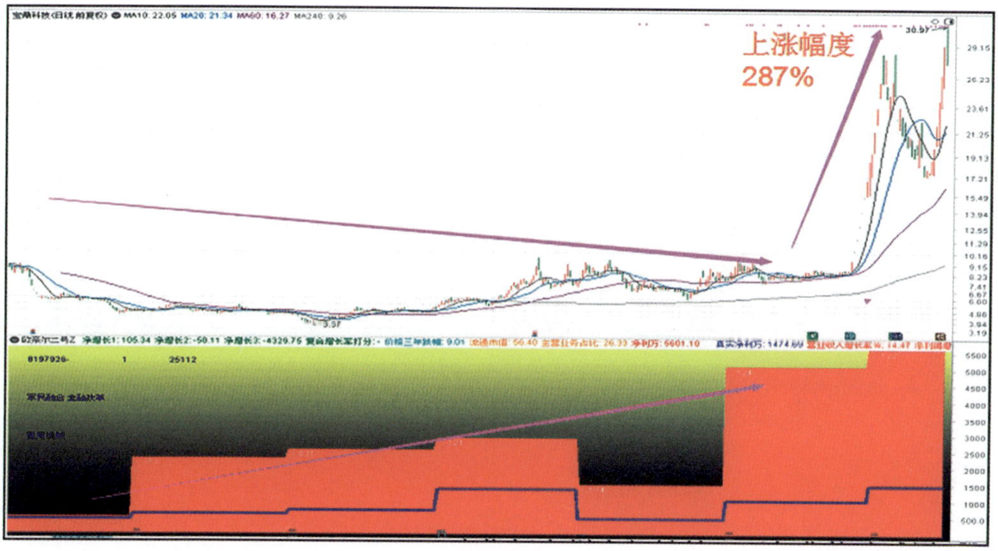

图8-5

图8–5为宝鼎科技股价走势的机智欧奈尔图。从图中可以看出，股价连续两年创新低，且主营业务收入连续两年创新高，依然是被市场严重低估的个股。主力发现该股并决定对其进行炒作后，股价开启了上涨行情，最大涨幅达到了287%之多，翻了近三倍。

类似美锦能源和康强电子这样的个股有很多，如力源信息、圣邦股份、山鼎设计等。这些个股的共性就是，股价2至3年内处于低位，且公司业绩连年稳健增长，都是被市场严重低估的个股。一旦这样的个股被主力看中并进行炒作后，后期的股价都是翻了两倍甚至更多，这就是业绩良好的个股对股价上涨空间的影响。

不过需要注意的就是，不是说所有业绩良好的股票都能够上涨，而是说业绩良好是上涨的基础。这些业绩良好的个股就相当于千里马，主力则相当于伯乐，俗话说“千里马常有，而伯乐不常有”，说的就是这个道理。

所以说股票业绩好不一定涨，那些公司业绩连续几年良性增长，且股价一直处于低位、被市场严重低估的股票，只要被主力看好，股价的上涨空间是很大的。

喜欢做短线的投资者们，如果不想只赚取20%～30%的利润，而是想做那些具有持续性上涨行情或者涨幅较大的股票的话，就一定要关注股票的业绩。业绩好的股票未来涨幅就大，业绩不好的未来涨幅就小，这是最基本的逻辑。

通过本小节的学习，相信投资者已经意识到业绩好坏对短线炒作的影响了。无论是做短线，还是做中长线，投资者在进行个股选择的时候，一定要对个股的基本面有所了解，然后再决定是否进行操作。

第二节　大盘环境对短线炒作的影响

大盘环境对个股价格的影响很大，尤其是对短线炒作的影响更重。大盘环境良好，则个股涨多跌少；反之，当大盘环境恶化的时候，个股也会跌多涨少，甚至很多本来走势向好的个股，由于受到大盘环境恶化的影响转而走弱。

本小节将为大家详细讲解大盘环境对短线炒作的影响，通过本小节的学习，您将了解到市场的规律、提高投资胜率的方式，掌握顺势重仓、逆势空仓的操作技巧。

● 大盘环境对短线的重要影响

大盘环境对短线有着十分重要的影响，因为不仅是散户每天都看大盘，主力也会对每天的大盘环境进行观察、研究，随时调整自己的交易计划。大盘环境的好坏不仅影响主力资金做多的意愿、跟风盘的强弱，还影响第二天的开盘控价、涨停的拉升成本、封板的成本及高位承接盘等因素。

如果大盘环境好，主力做多的意愿就会很强，而散户看到大盘趋势走好后，买入的意愿也强，导致跟风盘变强，股价的上涨自然水到渠成。反之若是大盘环境恶劣，主力会受到股价拉升所需成本太大、封板成本难以达到等各种不利因素的影响，做多的意愿也会变弱。而散户看到大盘环境恶化之后，买入的意愿减弱，跟风盘也少，股价受到这些不利因素的影响，自然会走下跌行情。在大盘环境恶劣的情况下，主力是很难做多的，即便主力做多，成本也是很高的，况且强制做多很容易得不偿失。

● 大盘环境与仓位对比

当我们了解了大盘环境对于短线的重要影响之后，就应该明白一件事，一定要顺势而为。也就是说，当大盘环境好的时候，可以结合炒股技巧借势盈利，大盘不好的时候就尽量不要轻易操作了。下面给大家分享大盘环境及对应仓位的对比表。

从表8-1中我们可以看出，强势整理或上升趋势满仓、弱势整理或顶部区域半仓、下降趋势空仓。

大盘趋势	均线状态	价量状态	深沪状态	建议仓位
上升趋势	多头	价涨量增	同步	满仓
上升趋势	多头	价量背离	背离	半仓
横盘震荡				三成仓
横盘震荡	空翻多	后量超前量	同步	三成仓
下降趋势	空头	价跌量缩		空仓
下降趋势	空头急跌	地量反弹		一成仓

表8-1分别整理了大盘上升趋势两种形态的不同操作方式、横盘震荡的操作方式及下降趋势两种不同形态的操作方式。

在大盘处于上升趋势期间，当出现均线多头、价涨量增、深沪两市同步的情况时，是可以满仓操作的；如果在上升趋势中，虽然出现了均线多头形态，但是价量背离、深沪两市背离的时候，是市场需要调整的信号。这个时候需要将手中的仓位减少到一半甚至一半以下。

在大盘横盘震荡期间，三成仓位的操作是比较理性也是比较客观稳健的操作方式，若是大盘横盘震荡期间出现空头翻多头，成交量出现后量超前量的情况，并且深沪两市同步的话，此时大盘的趋势就有机会从弱势转为强势。在出现这种情况的时候，即可将加大仓位，将仓位调整在三成以上，等待上升行情的出现。

在大盘处于下降趋势期间，若出现均线空头、价跌量缩的情况，无论深沪是否同步，只要是大盘在下降趋势期间出现均线空头，都要尽量做到空仓，一定要管住手。而若在大盘下降趋势期间，出现空头急跌，并伴随地量(成交量萎缩到接近极值的程度叫地量)反弹的情况出现时，意味着会出现超跌反弹的机会，这个时候可以进行少量的仓位操作，用少量的仓位博取后期反弹后的大量收益。

● 概念详解和案例说明

均线多头：当60日均线、120日均线和240日均线是由上至下顺序排列，且总趋势处于向上发散排列，这种情况被称为多头。当大盘处于多头行情的时候，说明整体趋势向好。整体趋势向好的时候，只要是个股本身没有问题，操作没有问题的情况下，想要盈利比较容易，这叫顺势而为。

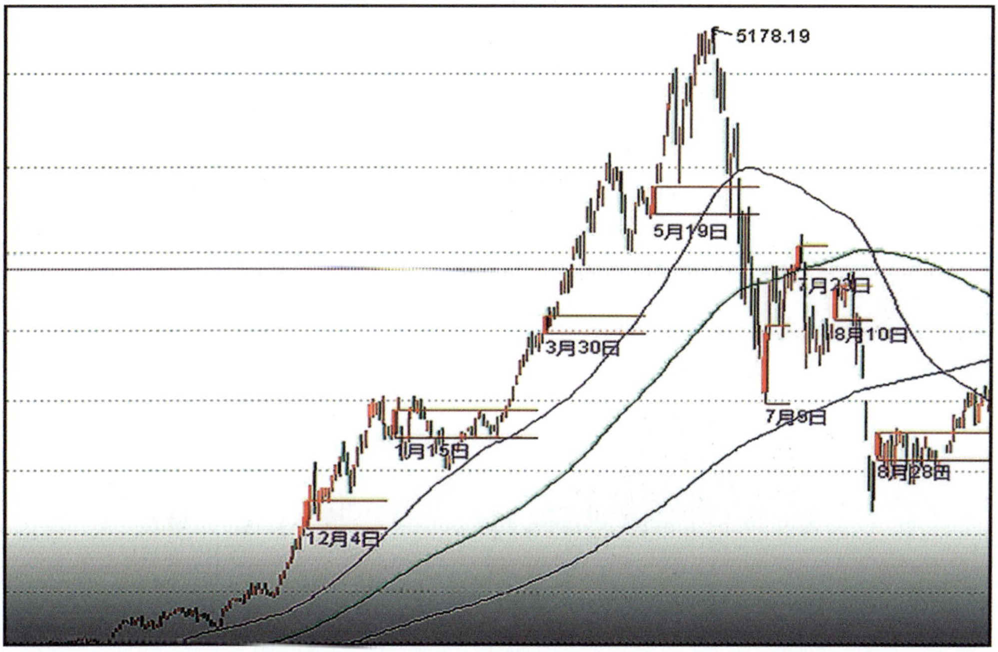

图8-6

如图8-6所示，图中为2015年的大盘趋势。从图中我们可以看出，大盘出现了60日均线、120日均线和240日均线由上至下顺序排列的均线多头形态，且总趋势向上发散排列，大盘在这种情况下，指数从低点依次抬高，一路飙升至5178.19点，随后均线多头形态消失，指数开始一落千丈。

价量关系：价量关系是指股票价格与成交量的关系，反映在大盘中就是指数涨跌与成交量的关系。众所周知，股票的价格是由成交量所推动的，成交量是股价上涨的一个非常重要的验证指标，市场中每一轮像样的上涨，都伴随着成交量的放大。

成交量放量的上涨趋势中，都会伴随一波惯性的上涨，持续力也会比较好，通常这种成交量放量的上涨趋势被称为“价涨量增”；而没有成交量的上涨趋势，通常都不会持久，基本会戛然而止。无量的上涨由于没有成交量的推动，故而很难持续，通常这种股价上涨但成交量为缩量的上涨趋势被称为“价涨量缩”或“价量背离”。

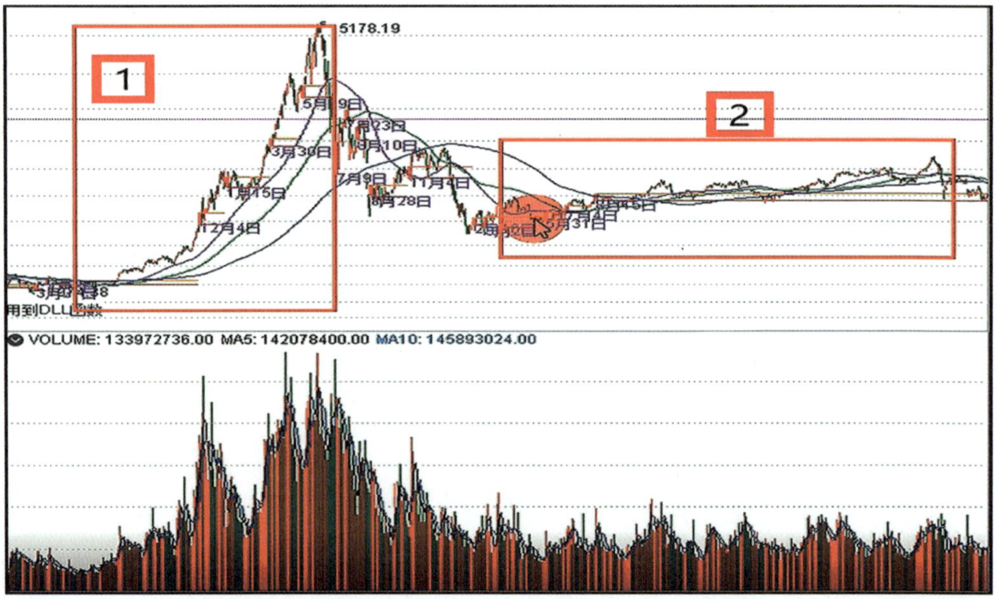

图8–7

如图8–7所示，图中第一个红色框线标注的位置为大盘在2014~2015年的走势，图中第二个红色框线标注的位置为大盘在2016~2017年的走势，从图中我们可以看出，2014~2015年K线下方所对应的成交量是放量的，在指数上涨的同时，成交量也很大，所以指数一路飙升到5178.19点；而在2016~2017年中，K线下方所对应的成交量却是缩量的，就算K线偶有向上的趋势，但成交量处于缩量状态，所以行情一直不是很好，没有成交量的推动，股指很难走出上涨行情。

可以这么说，成交量是血液，没有成交量的指数上涨是不健康的。成交量决定后期的走势，放量的上涨不仅持续，而且能够走出“芝麻开花节节高”的形态。当出现这种价涨量增的情况时，投资者可以将仓位适当加重；当出现没有量的上涨时，上涨会很弱且不持续。出现这种价涨量缩的情况时，投资者就要小心了，此时应根据实际情况适当减少仓位或者空仓。

深沪同步：深沪同步是指上证指数和深证指数的上涨要同步。深沪同步十分重要，道氏理论里面的平均价格之间相互验证就是这个道理。当市场中出现上证指数创新高，但深成指数没有创新高的话，这个时候就需要小心了，这是市场要调整的倒计时信号。我们把上证指数和深成指叠加到一起，回顾一下历次的大盘见顶，会发现80%都是这个原因导致的，如图8-8所示。

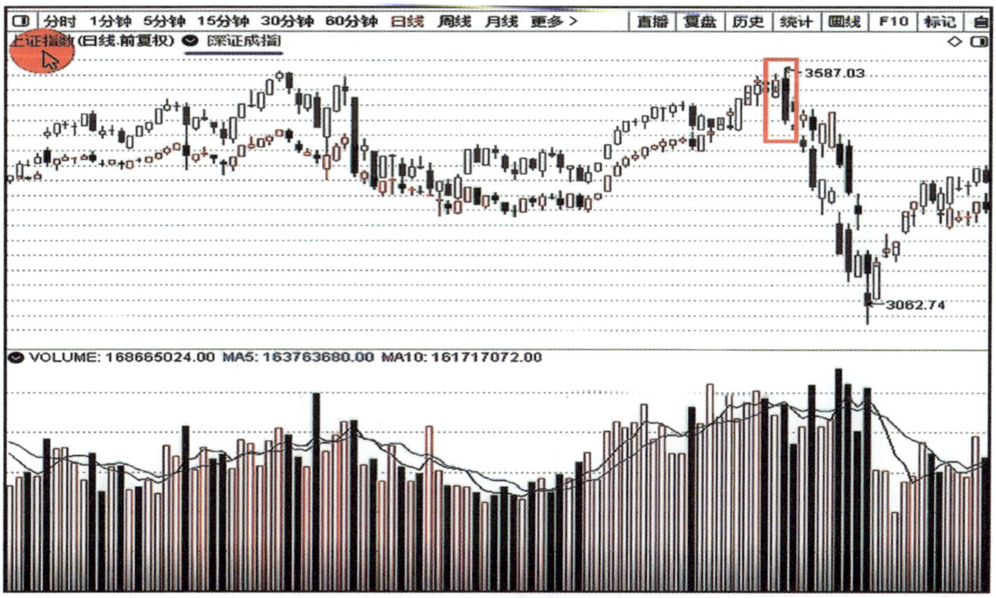

图8-8

图中灰色K线是深证指数，红绿颜色K线是上证指数。在红色框线标注位置之前，上证指数和深成指数是同步的，上证指数上涨时、深成指数也是上涨的，故而指数能够一路涨到红色框线标注的位置。

红色框线位置成了指数涨跌的分水岭，从红色框线标注位置我们可以看出，上证指数在这个位置创下历史新高，但深成指在这个位置却没有创下历史新高，这就是大盘见顶的信号。从图中我们可以看出，大盘在出现深沪背离的现象之后，股价开始一路暴跌，这就是深沪两市的状态是否同步对大盘走势的影响。

大盘环境对个股涨跌起着至关重要的作用，而影响大盘的因素主要有均线多头、价量关系及深沪同步三大要点。通过本小节的学习，已经能够掌握当大盘处于上升趋势、横盘震荡趋势及下降趋势时的几种情况，以及在这几种情况下的仓位应该如何控制了；能够在价涨量增的情况出现后，初步预判大盘后期的上涨走势，及价量背离的情况出现后，预见大盘见顶；也了解上升趋势中深沪同步则做多，而深沪背离就需要减仓甚至空仓。

● 能力测试

一、单选题

1、关于无业绩支撑的个股，下列说法正确的是（　）

A. 如果没有在第一次炒作的时候进行跟踪主力盈利，后期也有介入机会

B. 炒作路径通常是从游资炒作后，将筹码出售给另外的游资

C. 通常只能炒作一次，没有二次炒作

D. 就算没有业绩支撑，也可以炒作多次

2、关于有业绩支撑的个股，下列说法正确的是（　）

A. 炒作路径通常是直接将筹码出售给散户

B. 通常只能炒作一次，没有二次炒作

C. 股票本身业绩好，想象空间就会比较大，后期上涨空间也会很大

D. 有业绩支撑叠加概念炒作，就算概念的持续性强，股价也不会一路飙升

3、价量关系是指（ ）

A. 股票价格与指数涨跌的关系

B. 股票价格与市场资金量的关系

C. 股票价格与成交量的关系

D. 市场资金量与成交量的关系

4、深沪同步是指（ ）

A. 上证指数和成交量要同步

B. 深证指数和成交量要同步

C. 上证指数和深证指数要同步

D. 指数涨跌与成交量要同步

二、多选题

1、影响短线炒股的因素有哪些（ ）

A. 个股的业绩

B. 大盘的环境

C. 散户的资金

D. 主力的意向

2、以下关于业绩好坏对个股上涨空间的影响，说法正确的是（ ）

A. 业绩好坏对个股上涨空间的影响很大

B. 业绩好会对个股上涨空间没有影响

C. 业绩越好的个股，叠加概念炒作时，上涨空间越大

D. 业绩越好的个股，叠加概念炒作时，上涨空间越小

3、下列说法中正确的是（ ）

A. 业绩好的股票一定会上涨

B. 业绩好的股票不一定会上涨

C. 只有被市场严重低估的业绩好的个股，被主力资金看好后，股价才会大幅上涨

D. 被市场严重低估的业绩好的个股，被主力资金看好后，股价上涨空间也很小

4、大盘环境对短线炒作有哪些影响？（ ）

A. 大盘环境良好，则个股涨多跌少

B. 大盘环境良好，则主力做多的意愿会很强

C. 大盘环境恶化，则个股跌多涨少

D. 大盘环境恶化，则主力做多的意愿会变弱

5、以下关于价量关系的说法中，正确的是（ ）

A. 价量关系是指股票价格与成交量的关系

B. 成交量为放量的上涨趋势被称为“价涨量增”

C. 成交量为缩量的上涨趋势被称为“价量背离”

D. 成交量是股价上涨的一个非常重要的验证指标

三、思考题

1. 能够运用机智欧奈尔系统判断个股业绩是否良好。

2. 列表说明大盘环境与仓位对比。

3. 什么是均线多头、价量关系及深沪同步？

参考答案

单选题

1. C 2. C 3. C 4. C

多选题

1. AB 2. AC 3. BC 4. ABCD 5. ABCD

思考题

略(参见本章有关知识点)

第九章 做短线应规避的误区

很多投资者在炒股的时候都比较喜欢做短线，喜欢通过投机的方式来进行盈利，但是做短线并不是只凭运气，不是看到哪只股票凭感觉去买，而是需要一定的技术技巧的。有些个股在进行短线炒作的时候，如果不规避一些误区，很容易选到爆雷股。一旦选到了爆雷股被套，再做不到及时止损，后期将带来十分严重的经济损失。

很多喜欢做短线炒作的投资者在选择个股的时候，往往是在盘中随机决定的，也从不复盘、从不学习，觉得炒股就是凭运气。这种想法是不对的，炒股是需要知识储备和实盘经验的，如果故步自封，很难在短线炒股中获利，甚至亏损会成为家常便饭。

还有一些短线炒作的投资者喜欢听从一些所谓的“大师”推荐股票，然后去购买别人推荐的个股。这样的结果往往就是陷入“大师”们设计好的骗局里。

这些都是做短线的投资者需要规避的误区，本章主要为大家讲解做短线应该规避的误区，通过本章的学习，大家将了解到短线应规避的爆雷股特征、做短线常见的错误以及短线荐股的骗局。掌握上述技巧后，在实盘操作中，就能够规避误区，从而提高投资的胜率。

第一节　短线应规避的爆雷股特征

数据显示，以10年为周期，从2010年开始至2020年为止，A股三千多只股票中，有三分之二的个股实现了绝对上涨，但是还有三分之一的股票不如10年之前，其中不乏大幅下跌的雷股。比如跌幅冠军——金亚科技，10年跌了95%，每年跌27%，如果和10年间最高点相比，跌幅甚至高达99%，也就是说，如果10年前买100元的话，现在就剩下1元了。

很多人都希望找到牛股，但事实上，稍微不留神就可能会踩到雷股，避开雷股，应该是每一位投资者的基本素养。

由于规避风险股需要涉及很多专业财务知识，所以本小节只挑出四项比较简单且十分有效的规避条件，虽然不全面，但胜在简单有效。其中前两条是规避风险股的方法，后两条是规避退市股的方法。如果后面这两条特征都出现了，那这只个股必须放弃，不走的话，就容易遭遇个股退市的风险。掌握了这几个条件并灵活运用，相信在个股选择中，就基本可以过滤掉爆雷股票了。

● 商誉占比

商誉占比超过30%的不做。商誉占比是上市公司进行并购而产生的。

有数据显示，中国目前投资领域的成功率只有5%~10%，投资本身就是具有风险的。这些并购的公司，在自身主营业务都很难经营好的情况下，还要抽出时间和精力去学习经营新的业务，“隔行如隔山”这个道理大家都懂，这些商誉占比较高的企业背后承担的风险可想而知。

● 股权质押

股权质押超过30%的不做。

股权质押是指上市公司把股权质押给银行，从而去获得现金流。也就是说，通过质押股权的方式来获得一定的资金，用来维持公司的资金周转。大家试想一下，若公司经营得比较好，资金流比较充裕，这样的公司有必要去找银行融资吗？某些企业的股权质押甚至达到99%之多，堪称公司中的奇葩，这种公司风险怎能不大？

大家可以随便看几家主营业务经营得好的上市公司，有几个会做股权质押的？基本没有，反观那些爆雷的公司，哪一个不是股权质押90%~100%的？正是因为有很大的经营风险，上市公司才会选择提前把风险转嫁给银行和普通投资者。

所以商誉占比高和股权质押高的股票，都是风险较大的股票，在进行选股的时候都应该远离。建议大家在买股票前一定要查看一下这两个关键数据，能够帮助大家规避掉很多爆雷股。数据可通过键盘F10按键查看。

● 证汇金、社保养老金等

证汇金、社保养老金等都属于国家队资金，如果某只个股处于亏损状态，并且证汇金、社保养老金等长线资金在个股亏损的状态下决定清仓的话，这说明该股是有问题的，也是必须要清仓卖掉的，就算是亏损也要及时止损。因为证汇金、社保金、养老金等都属于国家队资金，而国家队资金无论从资金面还是资源面，都要比其他资金强得多，如果出现能够让这些资金宁愿止损都要出局的情况时，说明个股的问题就不是一星半点了。下面通过两个案例进行详细讲解。

● 案例说明

案例一：乐视网

曾经那个风靡一时的乐视，如今却走到了退市这一步。目前乐视网已经退市，现有的数据已经不准确了，但在两年前数据准确的时候，乐视网的F10数据中，显示该只个股中的证汇金和社保金是退出的。

图9-1为乐视网股价走势的资金流图，图中蓝色框线标注的位置为养老金的进场点，当时进场点股价也不算低了，而在乐视网临退市之前，各路资金却宁愿割肉清仓出局，损失惨重，然而就算是损失如此惨重，也要不计代价地止损出局。而这样做的原因就是：止损出局还能保住一部分资金，如果不止损出局的话，就连剩下的资金都要没有了。

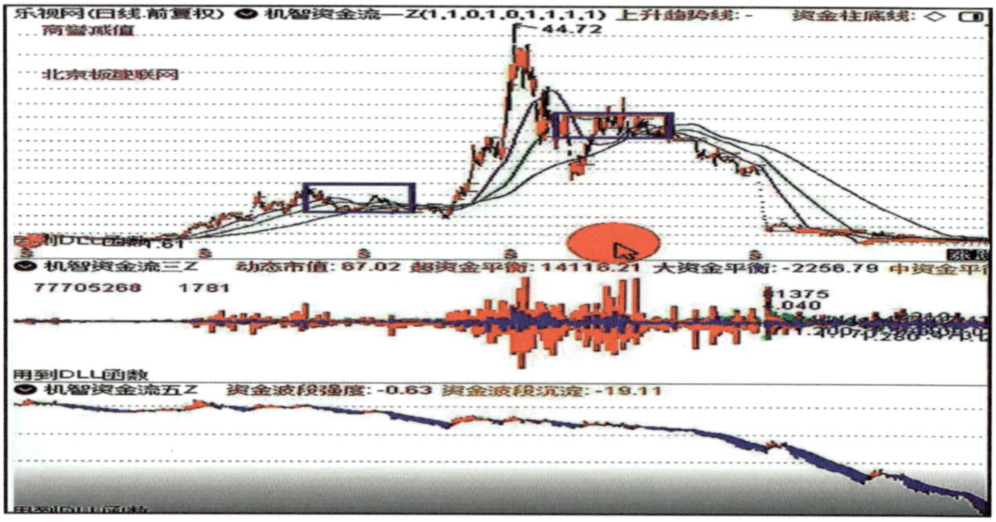

图9-1

证汇金、社保养老金等都是长线国家队资金，个股如果只是短期内的小幅调整，对这些资金来说并不会造成多少影响。所以如果是个股小幅调整的话，国家队资金是不会动摇的，但是如果连这些长线的国家队级别的资金，宁愿巨额亏损也要止损出局的话，只能说明股票本身出现了十分严重的问题，严重到即将面临退市的危险。所以若出现证汇金、养老金等长线资金在亏损的状态下也要清仓的情况，这种股票一定得卖掉。

案例二：ST盐湖

图9-2为ST盐湖的股东数据图，从图中我们可以看到，前十大退出股东中，有中国证券金融股份有限公司、中国华融资产管理股份有限公司、北京华北电力实业总公司、中国长城资产管理股份有限公司等。这些退出的十大股东中，大部分都不是自然人股东。

000792
*ST盐湖

最新提示	公司概况	财务分析	股本结构	股东研究	机
交易大事	重大事项	热点题材	公司公告	公司报道	经

前十大股东累计持有：41.15亿股，累计占总股本比：75.73%，较上期变化：24.40亿股↑

股东名称	股份性质	持股数(万)	占总股本比%	增减情况(万)
青海盐湖工业股份有限公司破产企业财产处置专用账户	流通A股	122006.28	22.46	新进
青海省国有资产投资管理有限公司	流通A股	75306.89	13.86	未变
中国中化集团有限公司	流通A股	57157.85	10.52	未变
国家开发银行	流通A股	40220.09	7.40	新进
中国邮政储蓄银行股份有限公司青海省分行	流通A股	34675.02	6.38	新进
中国银行股份有限公司青海省分行	流通A股	28331.22	5.21	新进
中国农业银行股份有限公司青海省分行	流通A股	20776.97	3.82	新进
中国信达资产管理股份有限公司	流通A股	17355.35	3.19	未变
高观投资有限公司-客户资金	流通A股	8349.69	1.54	新进
交通银行股份有限公司青海省分行	流通A股	7307.31	1.35	新进
较上个报告期退出前十大股东				
广州市华美丰收资产管理有限公司	流通A股，流通受限股份	4451.91	1.60	退出
王一虹	流通A股，流通受限股份	4342.22	1.56	退出
中国长城资产管理股份有限公司	流通A股	2598.62	0.93	退出
北京华北电力实业总公司	流通A股	1774.67	0.64	退出
中国华融资产管理股份有限公司	流通A股	1694.60	0.61	退出
中国证券金融股份有限公司	流通A股	1515.18	0.54	退出
徐鹏	流通A股	1333.36	0.48	退出

图9-2

所以说，这只个股的退市也是显而易见的，当国家队资金都在巨额亏损的情况下割肉出局时，个股的前景就十分不乐观了。试想一下，这些资金都是十分聪明的资金，而它们的消息来源比起普通投资者来说更是十分全面准确，所以一旦这些资金都纷纷抛售筹码的情况出现，就说明个股距离退市也就指日可待了。

● 审计意见

首先我们来了解一下什么是财务报表以及财务报表由谁来审计。

财务报表：反映企业或预算单位一定时期资金、利润状况的会计报表。对于上市公司而言，财务报表集中反映了公司一定时期内的财务状况、经营成果和现金流量。作为最为重要的一份信息披露文件，财务报表的作用还有很多，投资者可以借此了解一家公司的盈利能力、营运能力、偿债能力、成长能力等，是一份非常关键的信息文件。

那么这么重要的财务报表是由谁来审计的呢?

股票上市规则中明确规定：上市公司的年度报告中的财务会计报告必须经具有从事证券、期货相关业务资格的会计师事务所审计。

由此我们可知，审计意见是具有从事证券、期货相关业务资格的会计师事务所审计给出的，事务所的审计对于一家公司来说极其重要，审计意见一定程度上反映了财务报表的公允性与可靠性程度。

如果审计给出的意见是保留意见的话，这就意味着审计实施中，审计师认为财务报表整体是公允的，但是存在影响重大的错报，在证据还不足且没有办法取得证据的情况下，由审计人员提出除外事项，它表明某些事件不符合审计要求，审计部门对此是没有办法表示意见的，所以会给出部分保留意见和完全保留意见。

所以只要看到审计意见给的是保留意见，就说明这家上市公司的财务是有问题的，有问题的上市公司爆雷的风险也比较大，这样的个股是投资者应该规避的。

第二节　做短线常见的错误

很多做短线和超短线的投资者，在实盘操作的时候，会犯一些比较常见的错误。这些常见的错误虽然看似没什么太大问题，因为是大多数做短线的投资者共有的，然而实际上，这些看似的“小错误”却对短线炒作的收益有着巨大的影响。

本小节主要讲解短线操作的常见错误行为，通过本节的学习，你将了解在短线操作中，赚钱是有方法的、亏钱也是有原因的，改正错误行为是盈利的开始，熟练掌握本节的知识点将助您大大提升短线操作的胜率。

● 盘中随机决策

在讲解之前首先问大家一些问题：大家平时做股票的时候，有没有做复盘作业、操盘计划和盘后总结的习惯？还是说每天在做交易的时候，都是开盘之后看到什么涨就买什么，做随机决策？

相信部分投资者是有详细的交易计划的，也有一部分的投资者们却是随机决策的。对于随机决策的投资者来说，距离成为短线炒股高手还是有很大距离的。随机决策是个十分不好的习惯。

不知道大家有没有听过“胜算出于庙堂”及“不预不立”这两句话。这两句的意思大致相同，都是教我们要先有计划，然后才能够有胜算，才能够立足，一个高明的投资者必然明白先制定计划再做交易的道理。但在股市中，很多普通投资者常常会在开盘后轻率地做出买入决定，然后又在慌乱中犹豫是否卖出，最终理所应当地进入了反复被套的怪圈。

如果不能提前做好交易规划，完全靠随机应变去判断的话，大概率是要吃亏的。所以建议投资者们在每天收盘之后，有条件的话可以在16:00—17:00做复盘。当然了，如果是上班族的话，这个时间肯定是在工作，所以做复盘的时间就可以放在每天下班吃过晚饭后，在20:00—21:00这个时间。做好复盘后，再根据自身情况，制定符合自己的操盘计划，确定第二天是否交易。如果交易的话，交易什么，都要提前计划好，然后写在纸上，建议贴在电脑的显示器旁边。这样在明天的交易过程中，就算遇到什么特殊情况也不会慌乱了，一定要做到“有备无患”。

有交易计划的投资者，无论遇到怎样的情况，都有计划做支撑，实盘操作的时候可以按照计划执行。就算出现与计划有出入的特殊情况时，也可以根据制定好的计划“以不变应万变”。而如果没有交易计划的话，当大盘出现“跳水”或者个股出现暴涨暴跌情况的时候，往往就会由于受到“追涨杀跌”心理的影响，无法做出正确的判断。

- **无具体的执行标准**

操盘指令模糊不够量化，没有具体的执行标准，这样也是不行的。很多投资者的确是进行了复盘，并且复盘后也“制定”了交易方案，但是方案仅限于“明天交易、明天加仓或者减仓、明天跌破支撑位就止损”等，然而对于“具体怎么交易、介入哪只个股、具体加几成仓减几成仓、支撑位的价格是多少”等却完全没有进行标准化和量化的设定，计划十分模糊，以至于就算是制定好了所谓的计划，然而到第二天交易的时候，依然起不了太大的作用。

还有的投资者已经想好了怎么做，但是由于没有记录下来，待到第二天交易的时候，却发现忘记了之前的计划。

所以说，执行标准一定要具体化，要写在纸上记在本上，毕竟“好记性不如烂笔头”。这样才有一个执行标准，没有具体的执行标准，制定出来的计划是没有什么太大参考价值的。

- **执行力弱、不能严格执行仓位管理**

很多投资者不是没有复盘，也不是没有制定好详细的交易计划，更不是因为交易计划不合理，而是当止盈止损的条件达到的时候，总是犹豫不决，仓位管理不能严格执行，计划的是用10%仓位，结果经常冲动加仓，因为执行力弱而错失良机。所以建议投资者千万不要做“思想上的巨人，行动上的矮子”，否则就算学再多的理论知识，制定出再好的交易计划，也只能做个理论家，而无法成为一个好的操盘手。

如果能够经过一段时间的训练和努力，提高自己的执行力的话，是最好的结果，但毕竟人性是很难克服的，不是所有的投资者都能够克服执行力弱的问题，毕竟“人无完人”，想要克服心理上的弱点还是很难的。如果实在做不到坚决执行的话，建议投资者可以在以下两个方法中选择一个适合自己的。

第一，雇佣下单员，帮投资者进行交易，且下单员最好只懂交易，不懂其他技术分析，只做买卖下单。因为这样的下单员更纯粹，不会因为懂得技术分析而与雇主有不同的判断，从而影响交易的执行，只需做到100%执行就好。

第二，投资者可以考虑使用第三方自动化交易的执行工具，这样既能够按照自己的计划执行相应交易，又能够帮助大家提高执行力，按照交易计划来严格执行相应交易。

以上两种方法可以二选其一，但是依然建议大家自己锻炼执行力，提高自身交易能力。

● 亏损从不反思总结

一些投资者在操作中遇到亏损的情况时，从来不懂得反思总结，而是推卸责任，自我原谅。

部分投资在遇到亏损情况的时候，就会觉得是运气不好，或是认为网速慢的问题、券商问题、技术或者方法有问题等，从来不觉得是自己学艺不精、执行力弱或者随机决策而导致的亏损。这种方式是最不可取的，因为如果亏损总是找别人原因的话，是无法取得进步的。当遇到亏损的时候，只有不断地总结和反思，并在总结和反思的过程中不断提高，才能够提升自己盈利的概率，提高投资的胜率。

无论是在A股市场，还是在生活中，我们无法改变别人，无法改变社会环境，更无法改变股市涨跌。我们能做到的，就只有改变自己，适应环境和市场，只有这样，才会发生有利的改变，生活会慢慢变好，投资的收益也会慢慢增加。无论是炒股还是做人，都是这个道理。

- **不爱学习、故步自封**

不知道大家在进行投资的时候，有没有进行一些专业知识的学习？

很多投资者由于最开始接触炒股的时候，是因为看亲戚、朋友都在炒股赚钱，感觉炒股是一个赚钱较快的投资项目，所以才开始步入股市的。但是当真正进行实盘操作的时候却发现，并不是随便选几只个股就都会盈利的，于是很多投资者在亏损的时候，就会觉得是自己运气不好，而盈利的时候，就觉得是命运眷顾自己，从未从自身上寻找本质原因。

大家有没有发现，那些觉得炒股很赚钱，且盈利颇丰的投资者们，大部分都是不断学习专业知识和技术技巧的投资者。这部分投资者，当看到市场中的变化时，不仅只看表面现象，还会通过自己所学的知识，来挖掘表面现象后面的本质问题，所以这些投资者无论是做短线跟踪主力还是中线波段，胜率都要远超于那些不爱学习、故步自封的投资者们一大截。这就是投资炒股经常盈利的人与经常亏损的人之间的本质区别。

投资炒股是需要研究和学习的，因为股市是个动态的市场，股市其实就是资金的收集与再分配的场所。在这个市场中，所有人赚到的钱都是别人亏损的钱。炒股亦如逆水行舟，不进则退，无论是机构还是那些交易大师，都在不断地提升自己的能力，所以作为普通投资者想要在这个动态的市场中生存下去，也应该不断地坚持学习，养成学习的习惯，才能够不断进步。也只有这样，才能够摆脱被收割的命运。“活到老，学到老”

这句话，放在股市里同样适用，而这也正是那些能够在股市中盈利的投资者的共同特征。

通过本小节的学习，相信大家已经明白了做短线操作常见的误区有哪些了。希望大家在以后的实盘操作过程中，一定不要在盘中随机决策，而是要对每天的交易结果进行复盘，并制定好第二天具体的执行标准之后，再严格地按照制定好的仓位管理计划进行相应交易。无论一天的交易结果是亏损还是盈利，一定要进行反思总结，清楚自己究竟是哪个环节出了问题，并进行系统的学习，通过不断的学习，来补充自己在交易中出现的不足。

第三节　短线荐股骗局

投资者总会收到一些荐股的电话或者短信，这些打着“荐股”名义的电话或者短信，大部分都是骗人的。通过本小节的学习，将带你了解短线荐股的原理以及解决方案，避免上当受骗，从而减少一些不必要的损失。

● 常见骗人手段

绝大部分投资者都收到过短信推荐股票或者是电话推荐股票的情况，尤其是注册过券商软件的，或者在网络上浏览过炒股信息的投资者，隔三差五就会有不同的人打电话，说是某某机构有推荐股票的群，现在邀请免费加入等。

不知道大家有没有参与过？参与过的话，最终的收益又是如何呢？

能够肯定的是，这种荐股的方式是不可取的，这只是一些为了赚取利益的黑心商家的一些手段和骗局。这些黑心商家打着推荐股票、带人炒股的幌子，声称自己是主力，并分享一些高收益的交割单截图或者朋友圈聊天记录等信息给大家，带给大家一种“他们很厉害，是炒股大神”的视觉冲击，然后告诉大家可以先赚钱后分成，而以上这些，其实都是骗人的手段和套路。

为什么说这些都是骗人的手段呢？下面给大家做这些骗术的原理解析。

● **骗术原理解释**

绝大部分骗术，原理都是相同的，就是规模效应。这些商家会利用人们贪婪的心理，打电话联系投资者的时候，会先告诉投资者可以带着投资者赚钱，只要加了微信，就可以得到免费推荐股票的机会，并且还是保证不赚钱不收费的！而投资者听到了这个消息之后，就会萌生出“反正又不花钱，加个微信的事儿，说不定还能赚钱”的想法。正是这种贪婪的想法，很容易让投资者轻易应允了。这就是人性的贪心、贪婪在作祟。

然而投资者们应该知道，在大盘环境好的时候，80%的个股都是处于上涨行情的。稍微有点分析能力的人，都能够找到一些相对不错的个股，只要多选一些股票，然后再将这些股票分发给不同的人，只要发的够多，总会有一些上涨甚至出现涨停行情的个股，然后商家们会将上涨的个股留下来，将下跌的个股删除掉。

当重复几次以上操作之后，连续推荐两三次给不同的人，商家就有了一定的素材积累，于是商家将这些出现上涨行情且也有人参与并盈利的个股，拿出来作为案例展现到朋友圈或是微信群里。投资者看到的，就是被包装过的某某老师或者某某机构推荐的牛股，商家在打着“某老师特别神！某机构特别牛！”的旗号，对投资者进行个股推荐，并吹嘘自己是“主力，带你炒股赚钱没问题”“一年翻十倍”等，目的就是想让投资者相信，自己遇到了“天上掉馅饼”一样的大好事。

大家有没有想过，如果他们真的有如此准确的荐股能力，就算只有10万元资金，1年十次翻倍的话，也变成了一个亿的资金量了，为什么还要这样费时费力免费给大家推荐股票呢？将给大家打电话发消息推荐股票的时间，都用来选择那些翻倍的个股难道不好吗？

其实并不是投资者们没有这样的理性，只要稍做思考，就都会想到上面这个问题，但正是因为这些商家使用了一些手段，以至于当投资者看到那些翻倍的荐股案例之后，由于受到人性贪婪和懒惰的心理影响，理性的分析能力自然被抹杀得一干二净了，侥幸和懒惰心理战胜了投资者的理智。

当这些商家发现投资者已经陷入了自己设计好的圈套之后，就开始收取高额的投顾费。如果后续个股推荐准确的话，就会收取更高额的投顾费；如果推荐得不准确，他们安抚你说，一定是有人没有按照操作流程来进行操作，或者是因为机构内部出现了一些客观原因等，对投资者进行一定的安抚。如果能够安抚住投资者的话，就会继续进行这个骗局，而投资者也会因为是付费的项目，觉得此时放弃损失比较大，抱着“不如再信他一次”的想法，直到彻底对这些所谓的主力失去信心，才后悔莫及。而商家也会将这些放弃了的投资者视为弃子，在市场中继续寻找下一个存在侥幸心理的“幸运儿”。

其实这种骗术留存已久，从有股市以来，这个骗术就已经逐渐成形了。而这个骗术就算到了现在依然经久不衰，其原因就在于太多的散户投资者太贪心了，不愿意凭借自己的努力在股市中赚取利润，只想着省事儿和偷懒，不是没有能力参透这个骗局，只是不愿意花费时间和精力在学习上，自然就容易被人利用、上当受骗。

● 解决方案

针对上述骗术，给出投资者们一个解决方案，方案虽然简单有效，但是能不能执行，还是要看大家的执行力了，大家都是想克服自身弱点的，也希望大家能够识破骗局，并通过自身的努力学习专业的炒股知识，并取得长期稳定的收益。

第一：永远不听人荐股。

那些打电话推荐股票的，大部分都是骗局，他们利用投资者贪婪和懒惰的心理，来赚取高额的投顾费等。

第二：不找朋友推荐股票，也不给身边的朋友荐股。

就算自己已经在炒股方面有一定的建树，无论是选股能力、还是专业知识都过硬的情况下，也不建议大家给身边的朋友推荐股票，毕竟“授人以鱼不如授人以渔”，更何况市场随时都在变化，谁也不能保证别人的操作方式和自己的一样，而且推荐股票给朋友，很容易发生如图所示的情况。

如图9-3所示，当给朋友推荐股票的时候，如果推荐的个股赚钱了，朋友免不了还会让你继续推荐，而一旦遇到推荐的个股出现亏损的情况时，朋友就会觉得，是因为你推荐了这只个

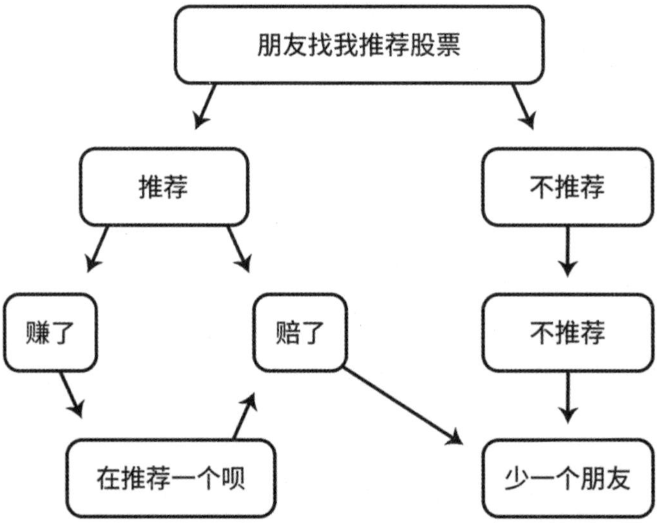

股，所以自己才会亏损的，友谊的小船说翻就翻。

图9-3

找朋友推荐个股的话，如果朋友不推荐，很多人就会觉得

朋友不够意思，自己赚了钱却不愿意分享，会由于觉得藏了私心不愿分享给朋友而失去这份友谊。

所以说“不找朋友推荐股票，也不给身边的朋友荐股”是保持友谊的最好方式了。当然了，如果能够和朋友在一起，共同学习一下炒股知识、共同进步的话，还是很可取的。

第三：不委托他人代客理财。

对于资金量大的投资者来说，投顾费的损失并非最大的损失，股票的亏损才是最大的损失，并且由于股市中有盈亏自负原则，大部分的代客理财在投资者出现亏损的时候，是不会赔偿投资者的。投资者亏损的时候既得不到任何赔偿，又要交高额的投顾费，而盈利了，依然是要给代客理财部分分成，这样的交易，是不是有些得不偿失了呢？

当然并不是说所有的代客理财都是无法找回损失的，如果代客理财签署了保本协议的话，在遇到亏损的情况时，是可以通过法律途径找回部分亏损的。但是市场中的大部分代客理财基本都不会签署保本协议，在这种任何协议、合同都没有的情况下，将账户交给别人操作，赚钱了要分成、亏损了说保本的都是骗人的手段，在没有协议的情况下亏损，是无法通过合法途径找回自己的损失的。

想要跟踪主力炒股盈利，最好的办法就是自己主动学习炒股知识和技巧，并结合实盘操作经验，在实盘操作中不断学习、总结，让自己的能力提升，最终能够凭借自己的努力，在股市中拼出一席之地。如果只想着省事而又不思进取的话，建议这样的投资者可以选择炒股以外的稳健型投资，例如国债、实物黄金、货币基金等，新股打新也是不错的选择，但就不要去做短线跟踪主力炒股了。

如果你是一个能够判断趋势的投资者的话，那么在牛市中购买一些私募产品也是个不错的选择，因为牛市行情中，80%的私募都会盈利。反之如果无法判断牛熊市的话，这个方法就不可取了，因为在熊市行情中，就算是私募，也还是会亏损的。

炒股是需要付出的，是需要花时间和精力学习的，如果只想着偷懒，抑或是将希望寄托在其他人身上的投资者，最终只会落得被人蒙骗的结果。

本小节关于揭秘短线荐股骗局的内容就讲解到这里。道理很简单，大家都懂，但是能否做到知行合一，就要看大家的执行力了。希望所有投资者都能够远离股市的这些骗局，在股市中能有一个长期稳定的收益。

● **能力测试**

一、单选题

1、以下哪种公司有爆雷风险（ ）

A. 商誉占比为3%

B. 商誉占比为5%

C. 商誉占比为10%

D. 商誉占比为50%

2、以下哪种公司有爆雷风险（ ）

A. 股权质押为3%

B. 股权质押为5%

C. 股权质押为10%

D. 股权质押为50%

3、出现以下哪种情况下应该及时止损？（ ）

A. 证汇金、社保养老金等长线资金在个股亏损的状态下决定持仓

B. 证汇金、社保养老金等长线资金在个股亏损的状态下决定加仓

C. 证汇金、社保养老金等长线资金在个股亏损的状态下决心建仓

D. 证汇金、社保养老金等长线资金在个股亏损的状态下决定

清仓

4、当收到短信推荐股票或者是电话推荐股票的情况，以下做法正确的是（ ）

A. 他们是主力，所以可以跟踪主力盈利

B. 他们是炒股大神，可以购买他们推荐的股票

C. 先买入推荐的股票，如果赚钱了，再交佣金

D. 这是骗人的手段和套路，不可信

5、想要跟踪主力盈利的最好办法是（ ）

A. 盘中随机决策，根据盘中变化调整交易计划

B. 主动学习炒股知识和技巧，并结合实盘操作经验，提升自己的能力

C. 尽可能多地学习炒股知识和技巧，实盘按照书本中操作即可

D. 仅凭实盘操作经验即可，无须学习炒股知识和技巧

二、多选题

1、通过个股的以下哪种特征，能够判断个股是否为爆雷股（ ）

A. 商誉占比

B. 股权质押

C. 证汇金、社保养老金等长线资金的资金动向

D. 审计意见

2、做短线常见的错误有哪些（ ）

A. 盘中随机决策

B. 无具体的执行指标执行力弱、不能严格执行仓位管理

C. 亏损从不反思总结

D. 不爱学习、故步自封

3、针对执行力弱、不能严格执行仓位管理的行为，以下做法正确的是（ ）

A. 雇佣懂得技术分析的下单员，因为这样可以有不同的判

断，从而能够在选股的时候考虑得更周到

B. 雇佣不懂技术分析的下单员，因为这样不会影响交易的执行

C. 使用第三方自动化交易执行工具，按照交易计划严格执行相应交易

D. 委托代客理财

4、短线荐股骗局的解决方案有哪些（ ）

A. 永远不听人荐股

B. 只听朋友的推荐的股票

C. 不找朋友推荐股票，也不给身边的朋友推荐股票

D. 不委托他人代客理财

三、思考题

1、运用本章内容，说明乐视网等爆雷股的特征及如何规避此类爆雷股。

2、什么是财务报表？财务报表由谁来审计？

3、短线荐股的常用骗术有哪些？骗术的原理是什么？

参考答案

单选题

1. D 2. D 3. D 4. D 5. B

多选题

1. ABCD 2. ABCD 3. BC 4. ACD

思考题

略(参见本章有关知识点)

第十章　短线高手日常行为及私募仓位管理

本章将带你了解短线高手的日常行为，私募机构的仓位管理方式，让普通投资者成为炒股高手的梦想指日可待。

第一节　短线高手日常行为

普通投资者也能够成为短线高手，但在成为短线高手之前，我们首先要知道，那些短线高手平时都是做了怎样的功课。

- **关心国家大事，了解实时动态资讯**

先问几个问题：投资者平时有没有看新闻联播的习惯？有看国际新闻的习惯吗？关注国际股市涨跌吗？

作为A股市场中众多普通投资者中的一员，如果想成为短线高手，既要看新闻联播，了解国家大事、了解实时动态资讯，又要看国际新闻，了解国际大事，还得关注全球股市、关注美股涨跌、富时新加坡50指数、关注国际原油和外汇价格等。了解全球股市的动态，这是短线高手每日必做的作业。

有人可能会问了，为什么要看新闻联播呢？

新闻联播是我们获取国家相关政策的一个非常准确和直接的窗口。这个节目之所以会在央视的黄金时间播放，肯定是有原因的，许多国家大事都会在新闻联播里面播出来，多看新闻对了解国内相关政策的导向是一个非常有效的途径。在之前的章节中给大家讲过，无论是做短线跟踪主力，还是做中线波段，在进行个股选择的时候，一定要从那些国家政策扶持的主线行业中选择业绩良好的，才有机会选到龙头股。所以一定要多看新闻，关注国家经济政策及行业发展动态。当然了，如果有更准确更及时的途径自然最好，如果没有更好办法，这个方法还是十分可行的。

美股隔夜的涨跌对A股第二天的开盘和早盘有较大影响。如果美股出现隔夜暴跌的情况，那么A股第二天大概率是要低开的，并且早盘也会由于美股的下跌，出现下跌行情。随后，大盘的走势才会根据A股本身的环境状态进行调整。如果A股本身处于强势的话，下跌之后行情还是会反弹回来的；但如果A股行情处于弱势的话，就很可能随着早盘的那一波下跌直接跌下去了。所以说美股实际上是影响A股早盘走势的风向标。

另外，富时新加坡海峡时报里面涉及新加坡50指数，这里面涵盖了大概50只A股的上市权重比较重的一些股票的走势，也是比较具有参考价值的。为什么这么说呢？因为它的开盘时间和收盘时间比A股长，早盘开盘的时候比A股早开半小时，收盘比A股晚收一个半小时。所以它前半小时早盘的走势，往往会主导A股市场的投资情绪。由于受到这个因素的影响，所以建议投资者也要看富时指数作为参考。

包括国际原油价格和外汇价格等，这些都是更为宏观面的一些因素，对于一些专业投资者来说，都是每日必看、也都是应该知道的知识，而对于普通投资者来说，这些相关知识也需要抽时间去补习，只有不断地学习不断地进步，才更有助于成为短线高手。

● 研判股市整体趋势方向、梳理主线行业的投资逻辑等

无论是短线跟踪主力还是中线波段，炒股都不是盘中随机的决策，而是需要对股市有一个整体趋势的研判，能够判断出哪些行业是国家政策扶持的主线行业；而在主线行业中，哪些个股有良好的业绩支撑，并且近期是否有资金流入，是否能够开启上涨行情。想要选择到处于上涨行情的个股，是需要对股市进行研判、对主线行业进行梳理的，也需要有一个符合自己的好的投资逻辑。所以说，研判股市整体趋势方向、梳理主线行业的投资逻辑并将结果记录下来，作为后期选股的主要方向，是作为短线高手的必备工作。

研判股市的整体趋势和判断国家政策扶持的主线行业是需要一定时间的，也需要花费很大的精力，但是这个事情不需要每天都做。股市虽然是动态的，但是国家的相关政策不会经常改变，一个股市的中期方向也不会经常改变，短期的走势也不是千变万化的，就算是短期走势，也基本会有一个持续性，所以可以根据国家政策对股市整体进行解读和研判，然后挑选出政策扶持的相关利好行业和主线行业，将这些分析好之后记录下来，即可以作为后期操作的一个重要的参考依据。

一旦将这些功课都做好后，这个数据就可以在一段时间内实时地提醒自己应该如何操作，这些内容只需要一两个月更新一次即可。虽然更新的频率不高，却十分重要，这是炒股必须要做的功课，否则，很难知道在当下的环境中，到底能不能操作个股，以及如何选择行业和板块。

● 制定操盘计划

很多普通投资者在进行实盘操作的时候，都是盘中随机决策的，而随机决策最可能遇见的情况就是“追涨杀跌”，看到个股上涨就买，看到个股下跌就卖，而这样操作的结果，往往就成了被主力收割的“韭菜”，在股市中很容易出现资金被套的情况。

制定操盘计划，是每个股市中的投资者必备的技能，那么如何进行操盘计划的制定呢？

前面章节中讲过，大盘环境对个股的影响至关重要。所以在进行个股选择的时候，可以通过先大后小的思路，先确认大盘环境是否可操作，然后再决定是否介入。如果介入的话，要设定好介入多少仓位比较适合，然后在国家政策扶持的主线行业中，锁定有潜力的行业板块，最后优选有炒作空间的适宜的个股组成备选股票池、并制定好第二天的操盘计划。

大盘的好坏决定仓位大小、是空仓还是满仓，在制定计划的时候，一定要计划好仓位。板块决定行业，投资者在进行个股选择的时候，一定要优选那些具有上升空间的个股，之前章节中给大家具体分析过有上升空间个股的特征，这里就不再赘述，制定好这些方案之后，剩下的就是严格按照方案执行交易计划了。

制订交易计划简单来说就是下面6个问题。

1. 明天能买吗？
2. 用几成仓？
3. 关注什么行业？
4. 买什么股票？
5. 股票的136建仓的价格？
6. 止损位是多少？

如果能在交易计划中将以上这六个问题完全解决掉，那么你的交易计划已经是很完善的了，在实盘操作中，要做到“计划你的交易，交易你的计划”。

● 盘后总结

部分投资者虽然有交易计划，但是却很少做盘后总结。盘后总结也很重要，在盘后总结的时候，可以主要围绕这样几个问题来进行。

对大盘、板块、个股的判断是否得到验证？

如果没有得到验证是决策失误？还是运气不佳？

如果对大盘、板块、个股的判断能够得到验证，说明无论是研判能力，还是对趋势的判断都是正确的，如果不能得到验证，就可以从中寻找到自身的不足并加以改正。盘后总结是个发现不足、弥补不足的很好的方式，也是督促自己学习的动力。

给大家一个验证结果的参考标准：成功率60%以下不及格、60%以上合格、70%以上优秀、80%以上高手，请自行打分。

第二节 私募仓位管理

通过上一小节的学习，大家已经了解了作为短线高手每天应该做哪些功课，以及如何向短线高手学习，训练自身良好的投资逻辑及操盘习惯的技巧。了解短线高手的每日作业还不够，想要做短线跟踪主力盈利，我们还需要了解私募的仓位管理方法，在风险可控的情况下，不断提升自我操盘能力与经验，让自己距离专业投资者的目标更进一步。

● 私募仓位管理的相关重点概念

首先问大家一个问题，大家知道私募机构的真实盈利情况吗？

根据上证交易所公布的数据显示，机构的累计盈利幅度远高于普通投资者。2019年机构的盈利是普通投资者的3.5倍，2018年机构的盈利是普通投资者的1.5倍。由此可知，私募机构的盈利能力非常强，非常值得我们去学习。

那么机构的盈利诀窍是什么呢？

除了机构的选股和各方面的行业调研比较专业以外，私募机构在仓位管理上面，也较普通投资者技高一筹。本小节就为大家解密私募机构的仓位管理，学习私募机构是如何在风险可控的情况下不断提高总体收益的。

私募机构建仓一般会采用左侧建仓、分批建仓、浮盈加仓的方式，主要目的是控制最大亏损不触及平仓线（私募亏损总仓位的10%~20%就将面临清盘的风险），所以私募一般在利润不多的情况下，会先用小资金打出“安全垫”后，再逐步增加仓位，尝试高风险和高收益的获利机会。这种方式对普通投资者而言也是非常有价值的，因为不大幅亏损本金的情况下进行获利，才是长期稳定盈利的前提。

● 运用仓位管理提高本金安全度的具体做法

首先假设你按照私募的标准要求自己，10%的本金亏损为警戒线，20%的本金亏损为清仓线。就是说100万元资金亏损到本金剩下90万元的时候为风险预警，需要暂停一切的买入操作，反思自己的投资策略有什么问题，找到问题之后再进行后续的买入操作。如果亏损的结果没有得到改善，最终亏损到本金只剩下80万元，这个时候请立即停止所有实盘交易，强迫自己收回你的股票账户，并卖掉所有股票，清仓结束这一次失败的投资。

作为普通投资者，如何运用仓位管理方法，才能够最大化地提高本金的安全度，不至于最终落得清盘的命运呢？

之前章节中也有讲过，那就是136建仓法。举个例子：通过136建仓法进行建仓的话，就算不幸最终是亏损出局，最大亏损也仅仅为总资金的3.5%。也就是说如果你满仓资金按照136建仓法操作1只股票的话，最后就算是止损卖出了，你将面临的是总资金3.5%的亏损。如果你只有20%的亏损额度，按照这种亏损程度来计算的话，大概会有5至6次的亏损机会，之后如果再亏损，就可以清盘了。

如果每次拿出10%的仓位，并运用136建仓法进行建仓的话，即便亏损也只是总仓位的3.5%，按照总资金量20%的亏损额度来计算的话，可以有连续亏损50~60次的机会，再做最后的清盘。

实盘操作中当然不会出现连续亏损五六十次的情况，给大家分享这种方法，是希望大家通过这样的方式，在能够保证本金最小亏损的情况下，进行实盘操作的练习，从而在实盘操作中积累经验，巩固知识和技巧，毕竟“实践出真知”。

当你使用10%的资金赚取10万元以上的利润的时候，这说明你的已经完全掌握了跟踪主力资金的方法，既然你已经做到了用10万元赚到10万元这一个翻倍的结果，接下来你用110万元操作，顺利的话也有能力到200万元，不顺的话也有10万元的安全垫可以帮你对冲风险，人在盈利的情况下会越做越顺，反之亏损的时候会心态急躁，技术变形，越做越亏。

有些人可能说，我拿10万元赚10万元多可惜，我直接拿100万元赚100万元多好？

如果是之前有基础的投资者，并且已经在股市中盈利颇丰的话，这个理论是可行的。如果你之前在股市中一直在亏钱，或者只是个新股民的话，建议还是先拿小资金积累经验。磨刀不误砍柴工，股市天天都有机会！30年了，年年都有翻倍黑马股！但冲进股市淘金的股民却被团灭了一波又一波了。练好技术，沉淀经验，一波牛熊练技术、等二波牛市实现财务自由就好了。

炒股是需要不断的学习的，如果是想在股市赚钱又不想沉淀3~5年的朋友，建议不要投资炒股了，有这种想法的投资者，可能彩票或澳门更适合你。

希望大家通过本章节的学习，能够掌握短线高手每日作业，并能够严格要求自己身体力行，并结合私募仓位的管理方法进行实盘操作，让自己能够在实践中不断提高自己的炒股技能，在股市中有长期稳定的收益。

能力测试

一、单选题

1、为什么炒股的人要看新闻联播？（ ）

A. 能够间接了解到哪只个股能够上涨

B. 可以有效地进行跟踪主力操作

C. 新闻联播是获取到国家相关政策的一个非常准确和直接的窗口

D. 新闻联播对A股转天的开盘具有较大影响

2、为什么要看美国和全球指数？（ ）

A. 因为可以了解到国外的政策

B. 因为可以了解到国内的相关政策

C. 因为美股隔夜的涨跌对A股转天的开盘和早盘有较大影响

D. 能够了解到A股转天个股的涨跌

3、如何运用仓位管理方法，才能够最大化提高本金的安全度、不至于最终落得清盘的命运呢？（ ）

A. 使用左侧建仓法建仓

B. 使用右侧建仓法建仓

C. 使用136建仓法建仓

D. 使用浮盈加仓法建仓

二、多选题

1、短线高手的日常行为有哪些？（ ）

A. 关心国家大事，了解实时动态资讯

B. 研判股市整体趋势方向、梳理主线行业的投资逻辑等

C. 制定操盘计划

D. 盘后总结

2、私募机构的一般建仓方式有哪些？（ ）

A. 左侧建仓

B. 右侧建仓

C. 分批建仓

D. 浮盈加仓

3、为什么要制定操盘计划？（　）

A. 避免盘中随机决策带来的损失

B. 避免由于“追涨杀跌”心理而带来的损失

C. 制定操盘计划可保证一定有收益

D. 制定操盘计划是每个股市中投资者的必备技能

4、盘后总结的重要性有哪些？（　）

A. 能够从中寻找到自身的不足并加以改正

B. 是发现不足、弥足不足的好方式

C. 是督促自己学习的动力

D. 盘后总结没有用处，不总结也能盈利

三、思考题

1、研判股市整体趋势方向、梳理主线行业的投资逻辑是什么？

2、如何制定操盘计划？

参考答案

单选题

1. C　2. C　3. C

多选题

1. ABCD　2. ACD　3. ABD　4. ABC

思考题

略（参见本章有关知识点）